スポーツ学選書24

スポーツと政治的なるもの

―英国法からの問い―

松井良明

つぐみ

まえがき 8

序章 27

1 目的 —分析視角としての「刑法」— 29

2 先行研究の検討 —スポーツ史とスポーツ法学を中心に— 33

3 研究方法 —研究対象としての「制定法」— 36

4 課題の設定 38

4.1 動物虐待法と公道法のスポーツ史的意義

4.2 制定法に基づくスポーツ規制の広がり

第一章 動物虐待法（一八三五年）と動物闘技の違法性 —先行法との歴史的関連を通して— 41

1 本章の課題 43

1.1 問題の所在

1.2 課題の設定

2 動物闘技の違法性と一八二二年法 47

3 一八三二年法案と特別委員会による調査報告書 55

4 一八三三年法第二九条の立法過程 62

5 動物虐待法第三条の立法過程 67

6 動物虐待法のスポーツ史的意義 70

第二章　公道法（一八三五年）と公道でのスポーツ活動の違法性　75
―関連法案の比較を通して―
1　本章の課題　77
1．1　問題の所在
1．2　課題の設定
2　公道法の立法過程　80
3　公道でのスポーツ活動の違法性　84
4　公道法第七二条の立法過程　86
5　公道法のスポーツ史的意義　90
5．1　まとめ
5．2　結語

第三章　一九世紀イングランドにおけるスポーツと制定法　95
―『チティの実用制定法集』第五版（一八九四年）を手がかりとして―
1　本章の課題　97
1．1　目的
1．2　方法及び課題
1．3　先行研究と研究対象の検討

2 『チティの実用制定法集』に基づく分類項目 104
3 制定法に基づくスポーツ関連諸規定 113
3．1 スポーツと娯楽
3．2 スポーツが実施される場所と時間
4 制定法に基づくスポーツ規制の広がり 124

結　章 ―スポーツの近代化と刑法との歴史的関係― 127
1 動物虐待法と公道法のスポーツ史的意義 130
1．1 動物闘技の違法性
1．2 公道でのスポーツ活動の違法性
1．3 まとめ
2 制定法に基づくスポーツ規制の広がり 136

補　遺 139
1 一九世紀初頭ロンドンの闘犬文化複合 141
―一八三二年の下院特別委員会報告書を手がかりとして―
1．1 先行研究の検討と課題の設定
1．2 一八三二年の下院特別委員会報告書について
1．3 『報告書』の内容

1.4 まとめ

2 懸賞拳闘試合の違法性をめぐって ――一九世紀初頭ロンドンの闘犬文化複合―― 151

2.1 問題の所在

2.2 とりあげる史料について

2.3 史料の内容

2.4 まとめと今後の課題

〔註及び引用文献〕 168

図版一覧 196

あとがき 200

まえがき

二〇〇七年夏、イングランド中部にある二つの町を訪れた。メルトン・モウブレイとスタンフォード。ロンドンから北へ向かう列車に乗り、レスター駅でケンブリッジ方面の列車に乗り換えると、つぎの駅がメルトン・モウブレイ、その二駅先がスタンフォードである。

ロンドンからわざわざ日帰り旅行に出かけたのにはもちろん理由があった。メルトン・モウブレイは一九世紀以来、狐狩りの拠点として知られてきた町であり、そこにあるメルトン・カーネギー博物館が狐狩りに関する常設展をもっていること、狐狩りの是非を問う論争に関する資料を幅広く収集していることがわかっていたからである。スタンフォードまで足を延ばしたのは、一八三五年に違法となった牛追いがかつてこの町で行われてお

図1　メルトン・カーネギー博物館
〔著者撮影（2007年8月）〕

り、ぜひともこの目で町の様子を見ておきたかったのである。

狐狩りとメルトン・モウブレイ

英国ではたいていどの町でも鉄道の駅は町の周辺にあり、町の中心へ行くにはさらにバス等を利用しなければならない場合が多い。だが、このときはいずれも町中まで歩いていける距離にあった。このことは二つの町の小ささを示している。

メルトン・モウブレイ駅は町の南側にあった。そこから北東側に位置するカーネギー博物館に向かって歩いて行くと、町の中心部から博物館へと向かう通りの筋向かいに王立動物虐待防止協会（RSPCA）のレスター支部を発見し、少し驚かされた。この団体が狐狩りに反対する運動を強力に推し進めてきたロビー団体の一つであることはよく知られていよう。この団体のレスター支部が、

図2　ＲＳＰＣＡレスター支部
〔著者撮影（2007年8月）〕

あたかも博物館ににらみを効かすかのように、すぐ間近にあるのがいかにも英国らしく印象的でもあった。

メルトン・カーネギー博物館は、レスターシャの州評議会とメルトンのバラ評議会が統轄しており、その名称は現在の建物がかつてのアンドリュー・カーネギー図書館だったことに由来している。入場は無料であり、地域性を十分に意識した展示からも典型的な地方博物館といって良いだろう。このような小さな博物館がとくに狐狩りに関する資料収集を精力的に行っているのは、それがこの町の歴史と深く関わってきたからである。メルトン・モウブレイは一九世紀のあいだにイングランドでも有数の狐狩りのメッカとして知られるようになっていた。スティルトン・チーズとポーク・パイでも有名なこの小さな町は、州で一番古いマーケット・タウ

図3．狐狩りの情景

ンであり、その記録が一一世紀から残る古い歴史をもつ町でもある。

この町が狐狩りのメッカとなったのはなぜだったのか。博物館はその理由をこう説明している。

狐狩りには、狩猟に適した屈強な馬が相当数必要となる。ところが一九世紀に五〇〇頭にも及ぶ猟馬を一度に飼育できる厩舎を擁する町はそれほど多くはなかった。そもそもレスターシャは、イングランドにおいては古くから馬の生産地として知られており、なかでもメルトンは一八世紀から馬の取引を行う重要な拠点となっていた。長距離を高速で移動できる猟犬を生みだしたフーゴー・メイネルが狩猟そのもののスピード・アップに成功したのが一八世紀のことで、そのことが猟馬に

図４．狐狩りの展示コーナー
（メルトン・カーネギー博物館）
〔著者撮影（2007年8月）〕

もスピード・アップが求められる事態を招いた。

メルトンを訪れた狩猟家たちは、一週間のうち六日間を狩猟に費やしたという。そのため、狐狩りを行う狩猟家に対しては、最低でも一人あたり一二頭の馬を用意しなければならなかった。元来、猟馬にはスタミナとジャンプ力が求められたが、そこにスピードの要素が加わった結果、既存の猟馬にサラブレッドを交配した品種が新たに開発されたという。

このような事情から、狩猟はきわめて経費が高くつくスポーツとなっていた。一九世紀には、狩猟家一人に必要な馬の維持費は一〇〇〇ポンドにも達したという。英国の伝統的な狩猟は、これ以外にも、追走する獲物ごとに訓練された数十頭からなる一群の猟犬を必要とした。一九

図5．メルトンの馬市

世紀にこのような家畜、宿泊施設、あるいは付随する業種の店舗などをもつ町はそう多くは存在しなかったのである。

結果として、クオーン、ベルヴォアー、コッツモアという三つの有力な狩猟クラブがメルトンを本拠地としたのに加え、王室を始め、多くの富裕な人びとがこの町で狩猟を楽しむようになった。

この博物館でとくに興味深かったのは、英国の伝統的な狩猟とその歴史に関する展示に加え、この博物館が狩猟への反対意見についても同様に高い関心を寄せていることだった。

「今日では、猟犬を用いた狩猟が論争の的となっています。何人かの人びとはそれらの禁止を望んでいます。ここで展示しているのは、狩猟、その歴史、そして反対意見に関する事実です。

狐狩りは残酷なのでしょうか。それが狐の頭数管理をする上で一番良い方法なのでしょうか。狐の頭数管理は必要なのでしょうか。

あなた自身が狐狩りに関する意見を持てるよう促すのがわたしたちの願いです。」

展示の冒頭で、この博物館はその趣旨を明確に語っていた。

狩猟法（二〇〇四年）の成立

二〇〇四年一一月一八日、英国下院は、複数の猟犬を用いた野生動物の狩りをイングランドとウェールズにおいて禁止する「狩猟法（Hunting Act 2004, chapter37）」の成立を宣言した。三ヶ月の猶予期間を経て違法行為となるのは、特別に訓練された複数の猟犬に狐 fox、鹿 deer、野兎 hare などの野生哺乳動物を追走させ、捕獲するという英国の伝統的なスポーツ形態だった。

ことの発端は、一九九七年の総選挙で勝利した労働党が、選挙前の政権マニフェストでつぎのような公約を掲げていたことにある。

「わたしたちは野生動物のより手厚い保護を保証します。わたしたちは動物の福祉（animal welfare）を促進するための新たな指針の作成を主張してきましたが、その中には猟犬を用いた狩猟を禁止すべきか否かを問う国会での自由投票を含んでいます。」

狐狩りを法律で禁止しようとする試みそのものについてはじつは長い前史がある。同じように労働党が政権の座についていた一九四九年にも、狩猟を禁止ないしは制限することを意図した法案が二件提出されている。ただし、一つは提出した議員自身によって撤回され、もう一つの法案も下院の第二読会で廃案となった。このとき、狩猟に関する特別委員会が招集され、その報告書が刊行されているが、そこでの結論は、むしろ狐狩りの必要性を主張するものだった。

「狐狩りは、狐の頭数管理においてきわめて重要な貢献を為しており、他の方法とくらべても残酷性は少ない。それゆえ、狐狩りは存続を認められるべきである。」(『野生動物に対する虐待に関する委員会報告』(議長J・S・ヘンダーソン)一九五一年より)

約半世紀後、同様の議論は狐狩りの禁止というかたちで決着することになるのだが、そこにいたるまでにはすぐれて政治的な動きがあり、法案の内容にも紆余曲折が見られた。

表1(次頁)は、一九九〇年代以降の狐狩りの禁止に関する主な動きをまとめたものである。

一九九七年五月における労働党の勝利を受け、労働党下院議員のマイケル・フォスターが猟犬を用いた狩猟を禁止する内容の議員法案を下院に提出したのは半年後の一一月のことだった。さらに四ヶ月後の一九九八年三月一日には、この法案が下院第二読会を通過するが、同じ時期に狩猟を擁護するロビー団体、カントリーサイド・アライアンス

表1　イギリスにおける「狐狩り論争」と狩猟法成立までの経緯

1992年	猟犬による狩猟を違法とする法案が下院に上程されるが廃案となる。
1993年	「狐狩り（廃止）法案」が下院に上程されるが廃案となる。
1995年	「猟犬による狩猟を禁止する法案」が下院に上程されるが廃案となる。
1997年5月	総選挙で労働党が勝利する。
1997年11月	労働党下院議員M・フォスターが猟犬による狩猟を禁止する議員法案を公表する。
1998年3月	フォスター法案が下院第二読会を通過後、狩猟を擁護するカントリーサイド・アライアンス（以下、CAと略記）がロンドンで大規模な抗議行動を行う。フォスター法案は下院報告段階で審議未了となる。
1998年7月	フォスター議員が法案を取り下げる。
1999年7月	ブレア首相が次の総選挙までに狐狩りを違法とする計画を発表する。 労働党スコットランド議会議員M・ワトソンが、スコットランドでの猟犬を用いた狩猟を禁止するための議員法案の提出計画を公表する。
1999年9月	狩猟支持者が全国組織 The Independent Supervisory for Hunting を結成する。
1999年10月	ブレア首相が狐狩りを禁止するという選挙公約の実現性を主張する。
1999年11月	政府が狐狩りに関する議員立法の支持を表明する。 ストロー内相がバーンズ卿を委員長とする狐狩りの禁止による地方経済への影響を調査するための委員会（以下、バーンズ委員会）の設置を公表する。
2000年3月	ワトソン議員がスコットランド議会に法案を提出する。
2000年4月	ストロー内相が狩猟の「全面禁止」、「現状維持」、「厳格な規制」という3つの選択肢を法案に盛り込むことを公表する。
2000年5月	労働党下院議員が政府に対して狩猟の禁止を強く求める。
2000年6月	狩猟を禁止することで狩猟支援団体が主張する半数にあたる6,000から8,000の仕事が奪われることをバーンズ委員会が指摘する。
2001年2月	口蹄疫の流行により、狩猟が一時停止される。 狩猟法案が下院を通過する際、下院議員の投票が179票の大差で全面禁止を採択したことで下院の意思が明確なものとなる。
2001年3月	上院が317票対68票で狐狩りの禁止に反対する。 総選挙が告示され、狩猟法案は審議未了となる。
2001年6月	議会閉会時の勅語（The Queen's Speech）の中で、狩猟に関する下院議員の投票を再度実施することが述べられる。

2001 年 10 月	200 名以上の下院議員が、政府に対し、選挙公約を遵守し、狩猟禁止に係る投票の時間を確保することを求める動議を支持。
2002 年 2 月	スコットランド議会がスコットランドでの猟犬を用いた狩猟を禁止。
2002 年 3 月	英国下院及び上院が、全面禁止、現状維持、妥協案としての許可制という 3 つの選択肢の中からどれかを選ぶことを求められる。上院は妥協案を採択し、下院は全面禁止を採択する。
2002 年 9 月	約 40 万人がロンドン中心部に集まり、「自由と生活の行進（the 'Liberty and Livelihood' march）」を行う。
2002 年 12 月	マイケル農相が狩猟法案を公表する。
2003 年 6 月	T・バンクス労働党下院議員が提案した全面禁止が、362 票対 154 票で可決される。
2003 年 7 月	狩猟法案にはいかなる金銭的な補償も盛り込まないとする指針を下院議員たちが提示し、同法案が下院第三読会を 317 票対 145 票で通過する。
2003 年 10 月	同法案が上院の法案審議過程に上程されるが審議未了となる。
2004 年 9 月	政府が 11 月に国会会期の終了までに下院議員に狩猟法案についての自由投票をさせる計画を公表する。 抗議する者が議会の外で警官隊と衝突している最中、下院議員が再び猟犬を用いた狩猟禁止についての投票を行う。
2004 年 11 月	マイケル農相が上院議員に対して許可制による妥協案への合意を促す。 下院と、全面禁止を拒否する上院との間で法案のやりとりがなされた後、M・マーチン下院議長が「議会法」の適用を請求し、法案が立法化される。
2005 年 1 月	最高裁判所への「狩猟法」に対する意義申し立てが失敗する。
2005 年 2 月	「狩猟法」の規定が違法であるという訴えは、最終的に 3 人の控訴裁判所判事により拒絶され、CAの法に訴える最後の手段が退けられる。 18 日、イングランドとウェールズにおける猟犬を用いた狩猟を禁止する「狩猟法（2004 年）」が効力を得る。

出典：Timeline: Hunting row（Story from BBC NEWS）

:http://news.bbc.co.uk/go/pr/fr/-/1/hi/uk_politics/1846577.stm から作成。

が同法案に対する大規模な抗議行動を行っている。およそ二五万人がロンドンに集まり、フォスター法案が田園生活を破壊するものだとする抗議デモを行ったのだ。

その後、フォスター法案は下院の報告段階まで進むものの、審議未了に終わる。このときに採られた方法は、法案に反対する下院議員がおびただしい修正提案を行い、同法案の審議を遅らせるという戦略だった。フォスター議員は七月になって法案を取り下げるが、この法案に固執することで他の重要な法案の会期中での立法化が損なわれることは避けねばならないと語った。

狐狩りの禁止がいわば政権公約でもあったことから、その実現を目指すトニー・ブレア首相が再び狐狩りの禁止を計画しているとの談話を公表したのはそれからおよそ一年後のことだった。同時期には、スコットランド議会の労働党議員であるマイク・ワトソンがスコットランドでの狐狩り禁止法案を同議会に提案するとの計画を公表してもいた。ちなみにワトソン法案は二〇〇〇年三月にスコットランド議会に提案され、二〇〇二年二月に可決、成立している（野生哺乳動物保護（スコットランド）法）。

一九九九年九月に狩猟の禁止に反対する人びとが全国的な組織を立ち上げたが、それに対抗するかのように、一〇月にはブレア首相が公約の実現、すなわち狐狩りを禁止する方針を主張し、政治的な緊張が高まってもいた。これに対し、ジャック・ストロー内相が狐狩りの禁止による地方経済への影響を調査するための委員会を招集した。

その後、バーンズ卿を委員長とする調査委員会が、狐狩りを禁止することで、関連する六〇〇〇から八〇〇〇の仕事が奪われるとの調査結果を公表したのは二〇〇〇年六月のことだった。狐狩りをめぐる議論が高まりを見せる中、ストロー内相は事態の打開をめざし、つぎの三つの選択肢から結論を得る方法を提案した。すなわち、「狩猟の全面禁止」、「現状維持」、「厳しい規制（許可制）」である。この提案に対し、下院は「全面禁止」を採択するも、上院がその案を否決。二〇〇一年三月には総選挙が告示され、政府による狩猟禁止法案は廃案となった。

二〇〇一年の総選挙後、上院は妥協案としての許可制を採択するが、下院はあくまでも全面禁止を求める態度を崩さない。下院と上院の溝はその後も遅々として埋まらなかった。そんな中、法案に反対するカントリーサイド・アライアンスが四〇万人規模の抗議デモを組織したのが二〇〇二年九月のことで、このデモは「自由と生活の行進」と名づけられていた。

下院と上院の妥協案を盛り込んだ修正法案がアラン・マイケル農相から提案されたのは二〇〇二年一二月のことだった。しかし、下院はあくまでも妥協案の受け入れを否決し続け、上院は下院の全面禁止案を拒否し続けた。政府は妥協点を見だそうと努力したが、結局のところ両院の溝は埋まらなかった。こうして狩猟法は下院の優越を規定した「議会法」を適用することで二〇〇四年一一月に成立する。ちなみに、このときに適用された議会法（一九四九年）は、下院で二度可決された法案については上院が反対しても自動的に成立するとするもので、これまで三度しか適用されていない。政府は妥協案の成立をめざしたが、それは叶わなかったのだ。

狩猟法（二〇〇四年）の正式名称は、「猟犬による野生哺乳動物の狩猟に関する規定を定め、野兎狩り及び関連した目的の狩猟を禁止するための法」という。全部で一七条からなる簡潔な制定法だが、第一条で「猟犬を用いて野生哺乳動物を狩る者は罪を犯す」と規定され、第一二条ではこの法が王室ならびに王室の所有する土地にも適用されることが記されている。また、違法な狩猟を許した土地の所有者と猟犬の所有者も処罰される（第三条）。令状がなくとも容疑者を逮捕することができ、証拠品の押収、家宅捜索も認められる（第七条、第八条）。刑罰は五〇〇〇ポンド以下の罰金とされた（第六条）。

牛追いとスタンフォード

英国では、前近代まではとくに生きた動物を用いる動物スポーツが盛んに行われていたが、一九世紀に入って一部の動物スポーツが社会的に非難されるようになり、いくつかの制定法により違法とされた。このことの詳細については本論にゆずるが、ここでは一例のみ紹介しておきたい。スタンフォードの牛追いについてである。

スタンフォードは、メルトン・モウブレイから列車で南に約三〇分の距離にあり、属している州はリンカーンシャである。

かつてサー・ウォルター・ローリーがロンドンとエジンバラをつなぐ街道の中でももっとも美しい風景と称したことでも知られるスタンフォード。この町をじっさいに訪れてみて驚いたのは、いくつかの教会や建物だけでなく、狭くて曲がりくねった一八世紀以来の古い街並みが見事に保存されていることだった。中世以来、羊毛と穀物の生産で栄えたスタンフォードは、その後、イングランドとスコットランドを結ぶ街道の要所として繁栄した。牛追いの記録は一三世紀まで遡り、伝統行事として毎年一一月一三日に行われていた。この町と周辺地域に暮らす人びとにとっては大切な祭りの機会であり、この日には数百人もの観衆が集まったという。牛追いの内容とはつぎのようなものだった。

当日はおもな通りの入り口にバリケードが築かれ、商店は固く扉を閉ざす。一一時になるとセン

図6．スタンフォードの遠景
〔著者撮影（2007年8月）〕

ト・メアリ教会の鐘が鳴り、雄牛が参加者の群れに向かって放たれる。雄牛がいやがるものを投げつけたり、棒で叩いたりして雄牛を怒らせながら、通りを追いまわすのである。その後、雄牛はウェランド川にかかる大橋へと追い立てられ、橋の上でとり囲まれ、川へと放りこまれる。川岸の牧草地にたどりついた雄牛はそこでも追いまわされた後、日が沈む頃に町に連れ戻される。それから雄牛は屠殺され、その肉は貧民に安く売られたり、パブで食事に出されたりした。

図7．セント・メアリ教会
（スタンフォード）
〔著者撮影（2007年8月）〕

牛追いは一八三五年に成立した動物虐待防止法によって違法とされるが、この町の牛追いは一八三九年まで存続した。動物虐待防止協会（SPCA）は同法成立の翌年から牛追いに関わったものへの訴追を開始し、同協会から圧力を受けた内務省は一八三七年からロンドンの首都警察官と竜騎兵をスタンフォードに送り、牛追いの禁圧にあたらせた。だがかれらは住民の激しい抵抗に遭遇する。住民の間には、牛追いに対する愛着に加え、この行事が古くからかれらが要求し、しかるべき権利を得てきた特権だとする意識があり、「合法的な古来の慣習」と考える住民も少なくなかったからである。伝統的な支配階級であるジェントルマンたちも、受身ではあったにせよ。かれらの主張を承認していたのだ。

英国スポーツと「政治的なるもの」

このように英国の伝統的なスポーツといえば、主たるスポーツ空間がフィールドや街路などであり、スポーツ専用の空間で行われていたスポーツはほとんどなかったといってもよいほどである。とくに庶民が専用のスポーツ空間を利用し始めるのは一九世紀半ば以降のことであり、それまではもっぱら日常的な場所が英国のスポーツ空間だったということになる。

英国におけるフットボールに関する最初の文書史

図8．ブロード・ストリート（スタンフォード）
〔著者撮影（2007年8月）〕

図18（51ページ）と同じ角度から見たブロード・ストリートの様子。ここでも牛追いが行われた。

料がじつはそれを禁じる法令だったことが示してもいるように、日常的な空間でのスポーツ活動はじっさいには為政者の黙認や寛容に頼るものであった。庶民がそこでスポーツを行う権利を主張したとしてもその法的な地位はぜい弱なものといわざるをえなかったのだ。動物虐待防止法が牛追いを違法行為と規定したことについてはすでにふれた。だが牛追いは、それと同時に、公道法においても違法行為と規定された。英国のスポーツはとりわけ工業化と都市化が進展した一九世紀に入って以降、政治的に立法化された制定法によってより多くの規制を受けるようになる。では、英国スポーツの近代化と、それに対する「政治的なるもの」の影響はどのようなものだったのか。そのことを、英国法を窓口にして考察しようとしたのが本書の主たる内容で

図9．テムズ川のボート・レース

ある。

なお、本書は筆者が二〇〇七年九月に日本体育大学大学院に提出した学位論文「スポーツの近代化と刑法との歴史的関係に関する研究――一九世紀イングランドの制定法を手がかりにして――」を基にしたものである。序章ではその全体的な枠組みについてふれている。第一章と第二章で取り上げた事例は、同時代の英国スポーツの広がりを考えればあくまでも限定的な内容であるが、第三章では一九世紀英国における制定法全般とスポーツとの歴史的な関連をより広い観点から考察している。結章は、それらのまとめである。これに加え、本書では表題に関する議論をさらに深める目的で、一八三五年の動物虐待防止法が成立した頃のロンドンにおける闘犬の文化に関する論考と、ついに英国では制定法を通して違法行為とは規定されなかった懸賞拳闘試合の違法性について考察した同時代の資料をつけ加え、補遺とした。また、読者の理解を促すために、できるだけ多くの図版を新たに挿入させていただいた。

本書が英国スポーツに関する歴史的な理解と、今後のスポーツ史研究の進展にいくらかなりとも寄与するものであればこれに勝る喜びはない。最後までおつきあいいただければ幸いである。

序章

1 目的 ―分析視角としての「刑法」―

本研究の目的は、スポーツの近代化過程に関する研究の一環として、一九世紀イングランドの制定法を手がかりとしてスポーツの近代化と刑法との歴史的関係を検討することにある。

イングランドにおけるスポーツと法の歴史的関係については、隣接諸科学においてもすでに多くの言及が認められるが、本研究は、とくにスポーツ史の観点からなされた一連の研究を引き継ぐものである。[1)]

かつて筆者は、近代ボクシングの歴史的先行形態の一つである懸賞拳闘試合（プライズ・ファイト）[2)]が一九世紀のイングランドにおいては違法行為と見なされていたことに注目することにより、そうした前近代的なスポーツが合理化される過程で刑法が一定の歴史的

図10. 懸賞拳闘試合（プライズ・ファイト）

1810年5月31日に行われたダッチ・サム対ベン・メドレーのプライズ・ファイトの様子。試合には200ギニーの賞金が懸けられており、およそ1万人の観客がつめかけた。40ラウンドに及ぶ「過酷で血なまぐさい試合」はサムの勝利に終わった。トマス・ローランドソン作。

役割をはたしていたこと、また、そこではイングランド刑法における「免責される殺人」[3]の原則が重要な機能をはたしたのであり、そのため、イングランドの法が前近代的なスポーツに対してどのような違法性を見出していたかを明らかにすることが、スポーツの近代化過程を解明する上でも重要な作業となることを指摘した。[4]

また同様の観点から、筆者はイングランド法における法源[5]のなかでも、とくに判例と権威的典籍の分析を通して刑法がスポーツの近代化を促す側面を有していたことを指摘してもいる。[6]

たとえば、近代ボクシングの先行形態である懸賞拳闘試合とスパーリングに関する諸判例を見ると、イングランド刑法が社会的な危険性（治安破壊罪）に加え、身体的な危険性

図11. スパーリング・エキシビション

ロンドンのリトル・セント・マーチンズ・ストリートにあったファイヴズ・コートでのスパーリング・エキシビションの様子。このコートは1826年に取り壊された。

（暴行—故殺罪）をもって懸賞拳闘試合の違法性を示していたこと、したがって、「プロ・ボクシング」が合法化される際にも、治安破壊罪と暴行—故殺罪に該当する要素を払拭し、その内容をすでに合法化されていたスパーリングに近づけることが求められたことから、そのことを通じて刑法がボクシングの近代化を促す側面を有していたことが見て取れるのである。

さらに、「免責される殺人」の原則を手がかりにして権威的典籍の内容を分析した結果、イングランド刑法が、第一に当該スポーツの目的と意義における合理性、第二にそれに付随する社会的危険性の回避、第三に参加者自身の身体的危険性の回避とともに、「合法的ルールの遵守（適切な注意）」、「フェア・プレイ」、「同一の条件」を合法的スポーツの

図12．スパーリング

ロンドンにあった元チャンピオン、ジョン・ジャクソンのジムの様子。

要件とすることで、やはりスポーツの近代化を促す側面を有していたことを示した。[7]

しかしながら、この種の問題に対するイングランド法の対応をより包括的に明らかにするためには、判例や権威的典籍だけではなく、制定法についても検討する必要があるはずである。なぜなら、関連する制定法がある場合には、それと矛盾する判例は効力を失うというのがイングランド法における一般的な原則とされているからである。[8]

なお、筆者は動物虐待法と賭博関連法の社会史的意義を考察するなかで、これら制定法に基づく規制がかつてのイングランドで見られた二重基準を払拭するという意味では近代的な意義を有したものの、どちらの制定法も、同時代における支配階級の既得権益や嗜好を巧みに温存し、保護する措置を含み持つものでもあったことから、結果的に一九世紀イングランドにおけるスポーツ規制の再編が「不完全なもの」に終わっていたと結論づけた。[9]だが、同書においても、両法の立法過程についての詳しい検討は行っておらず、また、スポーツの近代化と刑法との歴史的関係についていえば、やはり、刑法がスポーツの近代化を促進させたとする側面が強調されていたといえる。では、制定法に基づくスポーツに対する規制はどのような歴史的経緯で成立してきたのか。また、そこにはどのような歴史的な特徴が認められるのか。つぎに見るように、この問題に関する詳細な検討はまだ十分にはなされていないように思われる。

2　先行研究の検討　―スポーツ史とスポーツ法学を中心に―

上述のように、一九世紀イングランドにおけるスポーツの近代化と刑法との歴史的関係を検討するためには制定法に基づいて規定されていた規制の内容についても俎上に上す必要がある。だが、そのような観点から同時代のイングランドにおけるスポーツと制定法との歴史的関係を包括的に示そうとした研究はまだ認められないのが実情である。なお、その理由として考えられるのは、つぎのような特殊イングランド的な事由である。

第一に挙げられるのは、イングランドの政治的伝統とされる放任主義（レッセ・フェール）の影響である。

イングランドでは、そもそもスポーツ

図13. 闘鶏

軍鶏には金属製の人工蹴爪が取り着けられていた。マーシャル作。

活動に直接関与する特別な制定法（狭義の「スポーツ法」）が二〇世紀に入るまで成立してこなかったという経緯がある。

たとえば、イングランドのスポーツ法学者であるグレイソンは、保守派のディズレーリ内閣の政権下で施行された一八七五年の公衆衛生法の中にすでに後のスポーツ振興に繋がる規定が断片的には認められるものの、体育及びレクリエーションの国家的な振興を主眼とした最初の制定法は一九三七年に施行された「体育及びレクリエーション法」だったと述べている。[10]

また、同じくイングランドのスポーツ法に関する大著をまとめたベロフは、「政治家がスポーツに関与すべきでなく、可能であれば自己統制が優位となるべきだとする前提」が放任主義（レッセ・フェール）に由来するものであることを指摘した上で、結果として、「イングランドでは、国内の制定法はスポーツ活動に

図14. 牛掛け
（テオドア・レイン作）

対してほとんど影響を与えてこなかった」という見方を示している。[11] このような立場からすれば、一九世紀イングランドのスポーツ史を考える場合にはとくに制定法については留意する必要がないことになるだろう。

だが、そのような見方に対し、とくに歴史研究者たちの間からは、一九世紀に入って成立したいくつかの制定法が、イングランドにおけるスポーツの近代化に対して重要な影響を及ぼしていたことが指摘されてもいる。

たとえば、マーカムソンとホルトは、イングランドの伝統的な民衆スポーツであった動物闘技や公道でのフットボール、あるいはそれらが実施される娯楽機会だった定期市（フェア）の禁圧や部分的な廃止に対し、動物虐待法（一八三五年）、公道法（一八三五年）、定期市法（一八七一年）などがそれぞれ重要な意味をもったことを指摘している。[12] また、

図15. フットボール
19世紀初頭の諷刺画（H・ヒース作）

法学者のなかにも、イングランドにおける複数の歴史的な制定法が特定のスポーツ活動に対する「規制」を有していたことを指摘する研究者も見られる。[13]

つまり、一九世紀イングランドにおける前近代的なスポーツに対する法的な規制については、動物闘技に対して動物虐待法が適用された事例が示すように、特定のスポーツのみに該当する特別法としての「スポーツ法」ではなく、通常の一般的な制定法が個々の事例に適用されるのが一般的な方法だったのである。[14] したがって、まず必要とされるのは、一九世紀のイングランドにおいていかなる一般的な制定法が前近代的なスポーツに対する規制を有していたかを明らかにすることにあるのだが、そのためには膨大な判例を渉猟する必要が生じる。そしてこのことが、同時代の制定法に基づくスポーツ規制の広がりがこれまで包括的に把握されてこなかった主たる理由と考えられるのである。

そのため、本書では、つぎに述べるような方法論に基づき、研究対象ならびに課題の絞り込みを行うことにした。

3　研究方法　―研究対象としての「制定法」―

コモン・ロー上の罪状と異なり、制定法に基づく諸規定はいずれも国会審議を経て成立したものであることから、同時代の議会資料を紐解くことにより、それらの立法過程や先行法との歴史的関係など、当該制定法が成立にいたった歴史的経緯とその意義を検討することが可能となる。[15] このことから、本研究では、一九世紀イングランドにおいてとくに前近代的なスポーツに対する規制を有していたと考えられる一般的な制定法とその具体的な規定内容を研究対象とすることにした。

また、スポーツ史の知見によれば、一九世紀に入って新たに成立した制定法によってその違法性が明確なものとなり、廃止を含む大きな文化的変容を強いられたスポーツがいくつか存在したことが知られている。

たとえば、一九〇九年に出されたサー・W・O・ラッセルの法注釈書では、懸賞拳闘試合、路上で行われていたフットボール、そして、闘牛、闘鶏、あなぐま掛けなどの動物闘技[16]が違法行為として明記されていた。[17] もっとも、先行研究にもあるように、イングランドにおける懸賞拳闘試合における違法性は判例を中心に示されてきたものであり、とくに制定法による明確な規定は存在しなかった。[18] また、路上のフットボールや動物闘技についても、懸賞拳闘試合と同様、コモン・ロー上の罪状が適用されていた事例が報告されてもいる。だが、既述のように、イングランドでは、路上のフットボールについては一八三五年の公道法が、また、アニマル・スポーツについては同じ年の動物虐待法がその違法性を明確に規定したことがすでによく知られている。[19]

動物闘技と公道でのスポーツ活動の違法性は、同時代のスポーツ規制の全体から見ればあくまでも個別問題といえるものかもしれないが、両者はともに制定法を通じてそのことが明確に示されたイングランドでは数少ない歴史的事例でもある。また、後述するように、そのことは後のイングランドにおけるスポーツ活動にも大きな影響を及ぼすこととなる。したがって、動物虐待法と公道法は、イングランドにおけるスポーツの近代化と刑法との歴史的関係を分析する上では無視することのできない重要な制定法だったといえるはずだ。

4　課題の設定

4．1　動物虐待法と公道法のスポーツ史的意義

そこで本研究では、まずは動物闘技と公道でのスポーツ活動の違法性を明確に規定することとなった動物虐待法と公道法のスポーツ史的意義に注目することにする。両法の立法過程や先行法との歴史的関係を中心に検討することにより、スポーツの近代化と刑法との歴史的関係に関する新たな歴史的知見を得ることを本研究における第一の課題としたい。

4．2　制定法に基づくスポーツ規制の広がり

また本研究では、前述の課題に加え、そこで得られた知見をより広い歴史的文脈において理解するとともに、今後のスポーツ史研究におけるさらなる研究課題を示す目的から、一九世紀イングランドにおいてスポーツに対する法的な規制を有していたと考えられる一般的な制定法全般の歴史的な広がりについても検討することにした。

制定法に基づく規定の内容を知るためには、既存の法令集を利用するのがもっとも一般的な方法であるが、本研究の対象となる年代が一九世紀であることから、ここでは一九世紀末に刊行された『チティの実用制定法集』第五版[20]を一次資料として用いることにする。同書が採用する分類項目を手がかりにして一九世紀における制定法に基づくスポーツ規制の広がりを明らかにすること、またその作業を通して今後のスポーツ史研究におけるさらなる研究課題を提示することが本研究における第二の課題である。

第一章　動物虐待法（一八三五年）と動物闘技の違法性

―先行法との歴史的関連を通して―

1　本章の課題

1．1　問題の所在

本章の目的は、イングランドにおけるスポーツの近代化と刑法の歴史的関係に関する研究の一環として、一八三五年に成立した動物虐待法（5&6 William 4, c.59）[1]（以下、「動物虐待法」とする）と先行法との歴史的関連を検討することにより、一九世紀イングランドにおける制定法と動物闘技の違法性に関する新たな知見を得ることにある。

スポーツとイングランド法との歴史的関係についてはすでに多くの研究でも言及が認められるが、本研究の観点は筆者が行ってきた一連の研究を引き継ぐものである。そこでは、一九世紀に出されたスポーツに関わる諸判例ならびに権威書の検討を通して、法制史的な観点から当該スポーツの合法化がイギリス法における「免責される

図16．鳥撃ち

殺人」の裁定を得る際の必要条件だったことを指摘するとともに、同時代のスポーツに関わる違法性とその根拠を明らかにすることがスポーツ史研究の重要な課題であることを示唆した。[2)] だが前章でも述べたように、この観点から同時代におけるスポーツとイングランド法との関係をより包括的に跡づけるためには、判例や権威書に加え、制定法についても検討する必要がある。

本章で取り上げる動物虐待法は、法的な保護の対象となる動物種を「畜獣 cattle」と「家畜 domestic animal」に限定したことから、「野生動物」を獲る狩猟、鳥撃ち、釣りなどを違法とするものではなかった。しかし、同法は動物闘技の違法性を明確に規定することにより、その後のイングランド社会におけるアニマル・スポーツのあり方にも大きな影響を与えたとされる。[3)]

図17. 川でのパーチ釣り

したがって、動物虐待法が規定した動物闘技の違法性とその根拠を明らかにすることはイングランドにおけるスポーツの近代化過程を解明する上でも重要であり、まずは同法をスポーツ法制史の脈絡に位置づけることがもっとも基礎的な作業といえる。[4] しかしながら、現在のところ、このような観点から動物虐待法の歴史的理解を深めようとした研究は認められず、またその立法過程についても詳細な記述は存在しない。

制定法に基づく規定は国会審議を経て立法化されたものであることから、各制定法に関わる議会資料を紐解くことで、個々の規定の内容や立法過程などを知ることができるはずである。そこで本章では、イギリス議会文書のなかでもとくに基本的な史料とされる『法令集 Statutes at Large』、『本会議速記録 Hansard』、『議事日誌 Journals』、上院ならびに下院によって公示された法案や特別委員会報告書を検討することにより、主題に関する基礎的な知見を得ることにしたい。[5]

1. 2　課題の設定

上述のように、スポーツ法制史の観点から動物虐待法の歴史的理解を深めようとした研究は認められないものの、動物保護やレジャーの歴史を主題とする先行研究のなかには本章の課題に関わる重要な指摘も認められる。そこで最初に他領域の先行研究がすでに指摘している事項の概略を示した上で、本章の具体的な課題を提示することにしたい。

動物保護ないしはレジャーの歴史に関する先行研究によれば、動物闘技の違法性を明確に規定する意図を有した法案が初めてイギリス議会に提出されたのは一八〇〇年のことだったが、この時を含め、初期の法案はいずれも両院を通過できなかった。[6] その後、一八二二年に成立した畜獣虐待法（3 George 4, c.71）〔以下、一八二二年法とする〕は、動物の福祉（動物の苦痛）に配慮した初の近代的な動物保護法だったが、同法にも動物闘技の違法性に関する明確な規定は見られなかった。[7]

さらに、一八三三年に成立した首都警察法（3&4 William4, c.19）〔以下、一八三三年法とする〕には首都圏における動物闘技を違法とする規定がすでに含まれていたが、その名称が示すように、同法はいわゆる「動物保護法」とは脈絡を異にする制定法であった。[8]

その二年後に成立したのが動物虐待法であり、同法は第一条で上記二つの先行法を廃止したものの、第二条で保護対象となる動物種を拡大するとともに、第三条では動物闘技を違法とする区域をイングランド及びウェールズ全域へと拡大した。[9]

以上が先行研究ですでに明らかにされている議会審議の動向ならびに関連する先行法の概略であるが、とくに動物保護に関する先行研究では、動物虐待法を一八二二年法の「改正法」と見るのが一般的な見方であり、動物闘技の違法性についても、基本的には動物保護に関する規定の発展史的理解のなかで捉えられてきたといえる。そのため、とくに一八二二年法成立以後の議会動向に関する詳しい記述は認められなかった。[10] しかしながら、動物闘技の違法性を主題とする本章においては、いわゆる「動物保護法」には該当しないものの、動物闘技の違法性に関する規定を有した一八三三年法との歴史的関連性についても注目する必要があることから、具体的な課題をつぎのように設定することにした。

（1）二つの先行法と動物虐待法の歴史的関連に留意しつつ、前述の議会文書を用いて一八〇〇年から一八三五年までの英国議会における動物闘技の違法性に関する審議の動向を再検討する。

（2）動物闘技の違法性を明確に規定した動物虐待法第三条を中心に、先行規定ならびに規定案との比較検討を行うことにより、スポーツ法制史の観点から動物虐待法と先行法との歴史的関連を明らかにする。

2　動物闘技の違法性と一八二二年法

『本会議速記録』によれば、動物闘技の違法性を規定しようとした法案が初めて英国議会に提出されたのは一八〇〇年四月二日のことで、サー・ウィリアム・パルトニー下院議員[11]の議員提出動議〔以下、パルトニー法案とする〕によるものであった。パルトニー法案そのものの詳しい内容については不明だが、この法案は福音主義運動の指導者であるウィルアム・ウィルバフォースとその仲間たちによって支持されてもいた。[12]『本会議速記録』は、同法案が牛掛けを禁止する内容を有していたこと、四月三日に下院第二読会ならびに委員会審査を通過した後、四月一八日に四一対四三という僅差で否決されたことを伝えている。[13]

また同じ史料によれば、一八〇二年にジョン・デント議員が下院に提出した法案もやはり牛掛けと牛追いを禁止する目的を有していたが、この法案は五月二四日に行われた下院第二読会において五一対六四で否決されていた。[14]ちなみにジェイムズ・ターナーは、一八〇二年五月九日付の『タイムズ』紙の論説を基に、この種の問題が「国会の荘厳さにはふさわしくない」とする主張が一般的であったこと、また同法案に対する議員たちの対応としては無関心や嘲笑が支配的であったことを併せて指摘してもいた。もっとも、一八〇九年にアースキン卿が上院に提出した法案は「家畜」全般を「無慈悲で故意の」虐待から保護することを意図したものであったことから、『タイムズ』紙のみならず上院においても支持されたという。[15]

六月二日に上院を通過した同法案はその後下院に送付され、第一読会（六月九日）、第二読会（六月一二日）、委員会審査（六月一三日）を通過したが、その二日後の審議では二七対三七で否決され、同会期中の成立は見送られた。ところが、翌年には上院においてすら十分な支持を得ることができず、結局のところ、アースキン卿の試みも失敗に終わったのである。[16]

ここではこの時期の議会で為された動物闘技の違法性に関する重要な発言として、一八〇〇年四月一八日にウィリアム・ウィンダム下院議員[17]が述べていたパルトニー法案に対する反対意見についてのみふれておきたい。上述の試みに対し、最も強力に反対したのがウィンダムであり、かれの主張は後の審議にも少なからず影響を与えたと考えられるからである。[18]

『本会議速記録』によれば、ウィンダムが唱えた第一の主張は、古くから続く慣習的な行為に対する法の干渉を嫌悪する態度から生じていたもので、動物闘技を禁ずる法が英国人の個人的な自由の侵害にあたるとする主張であった。

「…わたくしは、あなた方が牛掛けの中に警告すべきものがあると唐突におっしゃるものがいったい何であるかをお聞ききしたい。牛掛けは目新しい慣行ではない。この慣行は今まさに声高に主張されている悪徳を含み持つことなく、一〇〇〇年以上も存在してきたのであります。悪徳が『増し』、『増え続け』、またそれを減らさなければならないと主張されるのでありましょうか。第一に、わたくしには悪徳が増加したとは思えない。また、わたくしは悪徳を減ずるために法の干渉が必要とはまったく考えないのであります。」[19]

第二の主張は、この時期の動物愛護運動に内包されていた階級的偏見を鋭く射抜く指摘でもあった。

「本法案の提案者たちは、…残酷であるという理由で牛掛けの廃止を提案されております。このような議論を、自らの楽しみを守るためにはわずらわしい限りの法の慣例を持つ方々が行われるのはまことに奇妙なことであります。…ジェントルマンが残酷を口にされるのであれば、残酷性が牛掛けというスポーツだけでなく、射撃にもあるということを思い起こさなければなりません。いや、もっと残酷です。一羽の鳥が撃ち落とされる際、はるかに多くの他の鳥が傷ついて飛び去ることも少なくはないからです。…牛掛けを禁じておきながら、狩猟のために馬を駆り、銃を発射することを保護するのはなぜか、と庶民が申すのも無理からぬことであります。」[20]

牛掛けがもっぱら庶民の楽しみに帰するものだとするウィンダムの主張には誤謬を認めざるを得なかったが、それでもなお、同様の法案が個人の自由を侵犯し、また階級的偏見に基づいたものだとする主張はその後数十年にわたり、議会内外でくり返し唱えられることとなる。こうして一般の議員たちのあいだに見られた無関心や嘲笑に加え、ウインダムを始めとする保守派の論客たちによる抵抗の前に、動物闘技の違法性を制定法によって規定しようとする初期の試みはいずれも失敗に終わっていたのである。[21] ところが、一八二〇年代に入ると新たな動きが見られるようになった。すでに述べたように、初めて「動物の権利」を認めることとなる一八二二年法が成立するのである。

アイルランドのゴールウェイ地区選出の下院議員だったリチャード・マーチン[22]が提出したひとつの法案が、五月二四日に下院第二読会、そして六月七日に下院第三読会を通過し、六月一〇日に上院に上程された後、七月二二日に成立した。[23]

ときに「マーチン法」とも呼ばれる一八二二年法は全部で六か条から成るささやかな制定法だったが、この制定法は「畜獣の残酷かつ不適

図18．スタンフォードの牛追い

切な取り扱いを防止するための法」という名称を有していた。この法によって「虐待」の対象と見なされる動物種、行動類型、刑罰はいずれも第一条で規定されていた。24) それによれば、同法によって保護の対象とされた動物種は、「雄馬 horse、雌馬 mare、去勢馬 gelding、らば mule、ろば ass、子を生んだ雌牛 ox、若い雌牛 cow、若い雄牛 heifer、去勢雄牛 steer、羊 sheep、その他の畜獣 cattle」であり、「去勢されていない成熟した雄牛 bull」や「犬 dog」はそこに明記されてはいなかったが、先述の動物種に対する「気まぐれかつ残酷な殴打、誤った虐待（wantonly and cruelly beat, abuse or ill-treat)」が違法行為と見なされ、有罪者には五ポンド以下一〇シリング以上の罰金、そして罰金刑を支払わない場合には三ヶ月以内の懲治場への拘禁が認められた。

一八二二年法による「畜獣の虐待」に関する規

図19．熊掛け
1824年に行われた熊掛けの様子

定内容はこのようなものだったにもかかわらず、治安判事のなかには同規定を牛掛けにも適用できると考える者もいたという。表２（次頁）は『本会議速記録』ならびに『議事日誌』を基にして一八二三年から一八二九年の間に英国議会で見られた動物闘技の違法性に関する審議の動向を示したものである。この表を見れば、一八二二年法が成立した翌年には、早くもマーチン自身が牛掛け、闘犬、熊掛けなどを直接禁ずるための法案を提出していたことがわかる。それは一八二二年法だけでは動物闘技の違法性が明確ではないということをマーチン自身が自覚していたことを示している。また、かれの考えに誤りがなかったことが一八二七年一二月六日の王座裁判所による決定を通じて明らかにされてもいた。[25] 理由は、上述の規定に bull、すなわち「去勢されていない成熟した雄牛」が明記されていなかった点にあり、この決定は一八二八年六月六日にＥ・Ｊ・リトルトン下院議員（スタフォードシャ選出）が読み上げた四件の請願を通じて議会でも報告されていた。

その後、ミドルセックス選出の下院議員チャールズ・パーマーが議会に直接一八二二年法の改正を求めたのは一八二九年五月一二日のことだったが、このときの訴えは二八対七三という大差で否決されている。動物闘技の違法性を制定法によって規定することの必要性をまだ大半の下院議員が認めていなかったからであろう。だが一八三〇年以降、そのような情況に変化が生じることとなった。

表2　英国議会における動物闘争の違法性に関する審議の動向（1823〜1829年）

西暦	日付	事項
1823年	5月21日	「牛掛け及び闘犬法案」(R・マーチン)が下院に上程されるが、18対47で否決される
1824年	2月11日	「改正畜獣法案」（マーチン）が下院に上程され法案化が認められる、また、同じく下院で熊掛けに関する審議があり、「熊掛け及び他の残酷な慣行法案」についてはマーチン自身が法案化を断念し、取り下げる
	2月24日	下院で熊掛けに関する審議があり、継続審議となる
	2月26日	「熊掛け及び他の残酷スポーツ」に関する審議が下院でなされるが、採決されることなく審議は打ち切られる
	3月9日	「改正畜牛虐待法案」の審議が下院であり、委員会への上程が否決される(11対19)
	4月2日	「動物虐待法案」（キャルソープ卿）が上院に上程され、公示される
	6月4日	同法案が上院第二読会を通過
	6月17日	同法案が上院の委員会審査で否決される
1825年	2月24日	下院で「熊掛け防止」(マーチン)の議員提出動議に関する審議があり、法案化が認められる(41対29)
	3月11日	同法案の下院第二読会への上程についての審議がなされるが、50対32で大幅な修正が求められた結果、廃案となる
	3月24日	「動物虐待」に関する提出動議(マーチン)がなされるが、法案化は否決される(23対33)
	5月5日	下院で「改正畜獣法案」（マーチン）の法案化が認められる
	6月21日	同法案が下院第二読会で否決される(18対27)
1826年	2月21日	「熊掛け及び闘犬法案」、「畜獣虐待法案」(ともにマーチン)が下院に上程されるが、前者は37対76で否決され、後者のみ法案化が認められる
	3月16日	下院の修正要求によって「畜獣虐待法案」の第二読会の延期が決まり、本会期中における同法案の通過が阻まれる
	4月20日	「犬虐待防止法案」(マーチン)が下院で提案されるが撤回される
1828年	6月6日	E. J. リトルトン議員が下院でスタフォードシャからの4件の請願を読み上げ、「動物虐待法案」の法案化が認められる。
1829年	5月12日	C. N. パーマー議員が下院で1822年法の改正を求めるが、28対73の大差で否決される

注記：法案名の後の括弧内は提出動議者名を示す。

出典：PDN, vol. 9, colms.433-435, vol.10, colms.130-134, colms.368-369, colms.486-496, colms.865-869, vol.11, colms.1089, 1431, vol.12, colms.657-661, colms.1002-1003, colms.1160-1162, vol.13, colms.418-419, colms.1252-1254, vol.14, colms.647-657, colms.1391-1392, vol.15, colms.530-532, vol.19, colms.1121-1122, vol.21, colms.1319-1320, HLSP, vol.159, pp.91-92.

3　一八三二年法案と特別委員会による調査報告書

一八三二年四月一八日、W・A・マッキノン下院議員[26]が提出したある法案〔以下、マッキノン法案とする〕が下院第一読会を通過し、公示された。[27] この法案の正式名称は「動物の残酷かつ不適切な取扱い及び畜獣の酷使により生ずる危害に関する法を統廃合し改正すること、またそれらに関する他の規定を定めるための法案」であり、後の「動物虐待法案」とまったく同名であった。[28]

このマッキノン法案は、第一条で一七八一年の首都畜獣法（21 George 3. c. 67）とともに一八二二年法の廃止を計画していたが、それと同時に、第二条で「去勢されていない成熟した雄牛 bull」を「虐待」の対象となる動物種に追加するとともに、第一六条では、「動物虐待の助長」ならびに「周辺住民への

図20．キャメルフォード卿の闘犬トラスティ

迷惑行為 annoyances」を理由に、「もし何者かが熊ないし他の動物に犬をけしかけたり、闘犬が行われる家屋、部屋、闘技場 pit その他の場所を維持したりするなら、その者は上述の目的で家屋、部屋、闘技場その他の場所を維持した件で軽罪 misdemeanor を犯し、五ポンド以下四〇シリング以上の罰金が科される」という規定案を有していた。

さらに注目すべきことは、マッキノン法案が五月二三日に下院第二読会を通過した後、下院がその法案の妥当性を調査する目的で特別委員会を招集していたことである。この背景には、一八三〇年以降、数度に渡って下院で読み上げられていた一八二二年法の改正を強く求める複数の運動団体からの請願があった。[29] なお、五月三〇日に招集された下院特別委員会は、法案提出者であるマッキノン自身を委員長とする計一八名で構成されていた。以下は、同委員会報告書の序文からの引用である。

「本委員会は数人の証人に対し、多くの気まぐれな虐待が行われ、それが物言わぬ動物に対する甚大かつ不必要な苦痛の増加、並びに民衆の風紀紊乱を招いていることに対する満足な証言を得るための尋問を行った。本委員会は、残酷かつ不適切な動物の取扱いの継続をできる限り防止するためには何らかのさらなる制定法が必要なものと信ずるものである。本委員会のこの問題に関する調査は、彼らから得た証拠を下院に提出するだけで終わることはできない。引き続き次の会期の早い時期に調査の再開を求めるものである。」[30]

このように同委員会による結論は調査の継続を下院に勧告するにとどまるものだったが、序文の内容に加え、法案提出者のマッキノン自身が委員長を務めていたことが示すように、そこにはこの問題に対する制定法の成立を主張する意図が明確に見て取れよう。そこでつぎに、一八三二年八月一日に公表された報告書の内容についてふれておくことにしたい。

報告書によれば、特別委員会が証人尋問に費やされた日数は三日間で、計一四名が証言台に登り、証言記録は全部で八〇七項目に上った。表3（次頁）は、尋問に応じた人物の名前、職業、尋問の内容等を示したものである。同委員会は、① 猫と犬に対する虐待、② 闘犬や闘鶏などの「動物闘技」、③ 狂犬病といった問題を証人尋問の主要な内容として取り上げることにより、一八二二年法によって保護対象とされた動物種、行動類型、そして治安判事の権限を拡大することの妥当性を浮き彫りにしようとする意図を有していたものと思われる。[31]

なお、とくに本章の課題からすれば、初日の三名に対して行われたウェストミンスター闘技場の告発に関する質疑内容が注目に値する。たとえば、動物虐待防止協会（以下、SPCAとする）の検査員だったユーウィンは同闘技場での闘犬試合が明らかに「動物

表3　証人の氏名（職業）と主たる内容

日付	氏名(職業)	主たる内容	出典
6月19日	ジョン・イースターブロック(巡査)	①②	pp.5-10(No.1-104)
	ジョージ・ロリマー(警察官)	①	pp.10-12(No.105-177)
	トーマス・ヤング(荷物運搬人)	①②	pp.12-13(No.178-196)
	ウィリアム・バトラー(警察官)	①②	pp.13-15(No.197-238)
	ジェイムズ・ユーウィン(元SPCA視察員)	②	p.15(No.239-247)
	ハーロン・デニー(SPCA視察員)	②	p.16(No.248-272, 277)
	ルイス・ゴンパーツ(SPCA名誉書記)	②	p.16(No.273-276)
6月26日	ジョン・ローチ(闘技場経営者)	②③	p.17-20(No.278-391)
	ウィリアム・ヘミングズ(闘犬飼育家)	②③	pp.21-23(No.392-474)
7月4日	ウィリアム・ユーアット(獣医)	②③	pp.24-29(No.475-585)
	ジョン・L・フェンナー(外科医)	②③	pp.29-32(No.586-622)
	チャールズ・アッシャーウッド(仲買人)	②	pp.32-34(No.623-713)
	ジョン・ブロウ(植木職人)	②	pp.34-37(No.714-782)
	チャールズ・ウィーラー(元SPCA職員)	②	pp.37-38(No.783-807)

主たる内容：①猫と犬に対する「虐待」、②闘犬や闘鶏などの「動物闘技」及び「闘技場」、③狂犬病

出典：*Report from the Committee on the 'Bill to consolidate and amend several Laws relating to the cruel and improper Treatment of Animals, and the Mischiefs arising from the driving of Cattle and to make other Provisions in regard thereto:' with The Minutes of Evidence. no.667*, Ordered, by The House of Commons, to be Printed, 1 August 1832.

虐待」に当たるとの証言を行っていた。

「〔回答〕わたしはかつてダック・レーンに住んでいたときにウェストミンスター闘技場に何度か行きました。三年前ですが、そこでひどい虐待を目撃しました。両方の犬が死ぬ寸前まで頻繁に闘わされていました。犬たちは立ち上がれなくなるまで闘い、目的を果たすために水の入った桶に浸けられ、再び闘うよう仕向けられました。同じように、あなぐまが引き裂かれるのも見ました。犬が咬みついた両脇、胸、頭部すべてに血のりが付き、いくつかの傷口はひどい状態でした。」[32]

同じくSPCAの視察員で、ウェストミンスター闘技場を告発し、閉鎖に追い込んだ原告の一人でもあったデニーは、この問題に関する現行法上の不備をこう指摘してもいた。

「〔質問〕あなたが今話している闘技場の問題について、その一つがあなたの所属している協会の介入によって閉鎖されました。その方法をお話しいただけますか。
〔回答〕それは虐待罪ではなく、生活妨害罪[33]でウェストミンスター法廷に持ち込まれました。

〔質問〕そして生活妨害罪で告発されたのですね。

〔回答〕はい。

［中略］

〔質問〕もし、基金があれば、あなたの協会はすべてのロンドンの闘技場を生活妨害罪で告発するでしょうか。

〔回答〕そうは考えません。

〔質問〕それが成功しないと断言できるのですか。

〔回答〕はい。成功しなかった事例がいくつかあります。

〔質問〕一例をお話しいただけますか。

〔回答〕スミスフィールドのウェスト・ストリート近くの闘技場だったと思います。

〔質問〕何がその訴訟を失敗に導いたのですか。

〔回答〕彼らが動物虐待法に基づいて訴訟を起こせなかったこと、また、それ以外の法律が存在しなかったことだと思います。

［中略］

ルイス・ゴンパーツ氏が呼ばれ、尋問された。

〔質問〕訴訟が失敗した理由は何だったのですか。
〔回答〕それは生活妨害罪ではなく、虐待罪で告発が行われたことです。
〔質問〕誤った告発により、失敗したのですか。
〔回答〕周辺の住民が告発を行わなかったのです。他の場合は住民自身による告発でした。

［中略］

再び、デニー氏が呼ばれた。

〔質問〕あなたは、もしそういった権限を付託する内容の法案がこの国の法となるなら、絶え間のない虐待をあなたや権限を付託された人物が改善できるということを疑わないのですね。あなたが言わんとしているのは、畜獣に対する虐待だけに該当するマーチン法〔一八二二年法〕が動物全般に対する虐待を禁ずるにははなはだ不十分だということなのですね。

〔回答〕はい。」[34]

このやりとりが示すように、新たな「動物虐待法」が存在しなくても、動物闘技を行う「闘技場 pits」をコモン・ロー上の生活妨害罪で告発することは可能だった。だが、その方法ですべての闘技場経営者を告発することができたかといえばそうではなかったのである。というのも、生活妨害罪は周辺住民による告発と証拠が得られなければ有罪判決を得ることが難しかったからである。また、同じくSPCAの会員でもあったフェンナーは、コモン・ローによる告発には相当額の裁判費用の捻出が必要だったことを併せて指摘し、やはり現行法上の不備を訴えていた。[35]

4　一八三三年法第二九条の立法過程

この翌年に成立する一八三三年法については、法案の審議の経過を跡づけることにより、最初に公示された法案[36]には闘技場の経営者を罰する規定が存在していなかったこと、またその規定が後に一八三五年法案を上程するジョゼフ・ピーズ下院議員[37]の提案に端を発するものであり、二度の提案に基づいて急遽法案に盛り込まれたものだったことが明らかとなった。

『議事日誌』によれば、下院で首都警察の法案に関する最初の議員提案が為されたのは一八三三年三月二〇日のことで、法案は三月二三日に下院第一読会を通過し、四月二日に公示された。[38] ただし、最初の段階では、この法案に動物闘技を目的とする場所の維持を禁ずる規定は存在していなかった。では、その規定はいかなる経緯で一八三三年法案に盛り込まれたのだろうか。審議の経過をたどってみよう。

『議事日誌』と『本会議速記録』によれば、一八三三年法案はその後四月一五日に下院第二読会を通過し、下院の委員会段階ならびに報告段階へと進んだ後、五月八日に再び委員会審査に掛けられている。ピーズはそこで「支援者たちの風紀を紊乱し、そういったスポーツへの参加者をひどい目に会わせる傾向を有する熊掛け、闘犬、またそれ以外の残酷なスポーツの実施を目的とする場所の経営者を罰する権限を治安官に与える規定を提案した。」[39] だがその際、法案提出者のラム下院議員[40]はピーズの提案に反対した。理由は、「裕福な者のスポーツより、貧者のスポーツがより多く干渉されるべき理由が見当たらない」[41]、また、「そういったスポーツを実施する場所で生じる暴動や秩序破壊に対して不平をいう理由があるのなら、そのような場所を生活妨害罪で告発することが誰にも認められている」[42]というもので、この意見は世紀初頭に見られた保守派の主張とも重なるものであった。ただし、同日の審議では、ピーズに賛同する者も少なからずいたのである。

「個々人による告発は可能だが、裁判には時間がかかるし、結果が不確かである（レナード議員）。この規定は、多くの闘犬場で行われている慣行を防止し、無秩序で不誠実な人びとの非人間的なスポーツを訴追できるようにするという点でたいへん望ましいものである。また、そういった場所には放浪者や泥棒がひんぱんに出入りしている。この規定は、首都の半径五マイル以内に限定されたもので、シティにおける銀行強盗、襲撃、夜盗を計画する以外の何物でもない目的でそのような場所に集まる放埒で怠惰な者たちの集結を防止するという点で意味がある（ロッチ議員）。人びとの風紀を紊乱する慣行を禁止するという効果が期待できる（ジョージ・F・ヤング議員）。残酷で不道徳な協同を禁圧する試みがより一般的な法案の導きとなることを切望する（サー・トーマス・フリーマントル議員）。」[43]

また、ピーズ提案への反対意見としては、「下院はピューリタンのような頑なな教義を認める方向にはない」[44]（ヒル議員）、「動物闘技によって係る結果が予想されるのであれば、そういったスポーツを国全体で禁圧できる法案が提出されるべきだ。道徳に関する問題は一地域にのみ関わる立法によって試みに始められるのでなく、より一般的な法案が求められる」[45]（法務次官 Solicitor General）、「警察の統制を目的とする法案に盛り込まれるべき規定ではない。そのような規定は動物虐待防止法案に盛り込むべきである」[46]（ジョン・ロミリー議員）とするものがあった。

このような審議を経て下院委員会の結論は投票にかけられることになったのだが、結果はラム議員への賛成が四六票、反対が四二票であり、わずか四票差ではあったが、ピーズの提案はいったん否決された。

その後、法案は五月一〇日に下院の委員会報告を通過し、五月二一日に第三読会へと進んだ。その際、今度はピーズとラムが共同で「テンプル・バーの五マイル以内で熊掛けその他のための場所の経営を禁止する」規定の追加を求めたのである。その結果、二四対一六で同規定の追加が可決された。追加された規定案とともに下院第三読会を通過した同法案は、同日ただちに上院へと送付され、上院による修正ならびに下院による最後の修正を経て、六月一八日に成立した。[47]

一八三三年法の正式名称は「首都に設置された複数の警察署における治安官の詰所における公正をより効果的に管理するため、及びここ三年に及ぶテムズ川及びその近隣における略奪行為を防止するための法」といい、上述の下院第三読会で急遽追加された規定はつぎのようなものであった。

「第二九条　熊掛け、闘鶏その他に対する刑罰

首都ないしはその周辺におけるいかがわしい場所が、熊ないしは他の動物を闘わせたり、犬をけしかけたりすることを目的に設えられ使用されている。そこには怠惰で無秩序な人びとが常に集まり、公序良俗と公共の平和を危険にさらしている。それ故、テンプル・バーの五マイル以内において、闘熊、熊掛け、闘鶏、あなぐまの闘い、あなぐま掛けなどの動物闘技ないしは動物掛けの目的で、家屋ないしは何らかの場所を維持、使用、管理あるいは経営する者は、治安官により有罪とされ、五ポンド以下の罰金とする。罰金が即座に支払われなければ、不履行者には二ヶ月以下の投獄及び重労働を科す。」[48]

この規定は、適用範囲が首都警察の管轄区域に限られていたとはいえ、刑罰の内容を含め、一八三二年法案第一六条の内容をほぼそのまま踏襲するものであった。ただし、そこでの違法性の根拠が「風紀紊乱」に求められていたのは一八三二年法案には見られなかった点であり、その意味できわめて重要な決定だったといえる。その結果、一八三三年法は同時代のイングランドで動物闘技そのものの違法性を認める初の実定法（制定法）となったからである。[49]

5　動物虐待法第三条の立法過程

その後、ピーズが二年前のマッキノン法案とまったく同名の法案を下院に上程したのは一八三五年三月二七日のことであった。[50] 一八三五年の動物虐待法案は、同日下院第一読会を通過した後、その後の審議は数度にわたって延期されたが、その間に生じた政権交代[51]を挟んで五月一三日になってようやく下院第二読会を通過した。同法案は六月五日にいったん下院の委員会審査を通過するが、七月一四日には下院委員会における審査のさらなる継続が三〇対一六で認められた結果、八月一九日に下院の委員会報告を通過し、八月二〇日の下院第三読会を経て、同日上院に送付されている。翌日、上院第一読会を経て法案が公示された後、同月三一日には上院第二読会、九月二日には上院第三読会を通過しているが、上院の審議ではいかなる修正も加えられず、九月九日に成立した。[52]

この間の審議の内容については、下院委員会による審査の継続が可決された七月一四日を除き、『本会議速記録』ならびに『議事日誌』にも詳しい記録は残されていない。だが、法案が同日の下院における審議を三〇対一六という大差で通過したこと、さらに上院でも一切修正を受けなかったことは、もはやこの法案に対する大きな抵抗が見られなかったことを示していると思われる。[53]

全部で二一か条から成る同法の正式名称は、「動物の残酷かつ不適切な取扱い及び畜獣の酷使により生ずる危害に関する法を統廃合し改正すること、またそれらに関する他の規定を定めるための法」であり、「動物虐待法、一八三五年（Cruelty to Animals, 1835）」が同法の正式略称であった。

前文によれば、動物虐待法の目的は、「畜獣」ならびに「家畜」への「虐待」を防止すること、またそれまで複数の制定法で定められていた関連諸規定を統一するとともに、対象となる動物種、行為類型、また治安判事の権限を拡げることにあった。なお、ここで注目しておきたいのは、一八三二法案第一六条で挙げられていた動物闘技に関する違法性の根拠が「動物虐待」の助長と周辺住民への「迷惑行為」の二点だけだったのに対し、一八三五年法では、法案段階からそこに「風紀紊乱」と「生活妨害」が追記されていたこと、またその根拠については、両院の議会審議を経ても一切修正を受けなかったことである。[54]その結果、一八三五年法第三条の内容は以下の通りとなった。

「犬、雄牛、熊ないし他の動物による闘技ないし動物掛け、並びに闘鶏試合を支援し援助する者、またそれらを目的とする場所を維持する者によって虐待が大いに助長されること、それが周辺住民への大いなる生活妨害及び困惑行為となっていること、そしてその場を訪れる者の風紀紊乱を招く傾向にあることから、そのような場所の維持者は五ポンド以下一〇シリング以上の罰金を科す。なお、動物闘技、動物掛け、牛追いに際して入場料を受け取ろうとした者あるいはそれらを支援した者も同様の刑罰とする。」[55]

このように、一八三五年法はとくに第三条を通して動物闘技の違法性を明確に規定する結果となったのだが、スポーツ史の観点からすれば、その根拠が、動物虐待 cruelty の助長、周辺住民への迷惑行為 annoyances ならびに生活妨害 nuisances、風紀紊乱 demoralizations の四点に求められていた点に同法の歴史的意義を認めることができる。なお、この内の動物虐待と迷惑行為については、すでに一八三二年法案第一六条でも言及されていたが、生活妨害と風紀紊乱についてはコモン・ロー上の生活妨害罪の適用例を示した一八三二年の特別委員会報告書と一八三三年法第二九条の影響が見て取れる。

また、一八三五年の動物虐待法が一八二二年法と大きく異なっていたのは、「動物闘技の実施場所の維持」についても「動物虐待」とされる行為類型に加える規定を、一般的な動物虐待とは別に有していた点である。同様の規定は一八三二年法案第一六条、第三読会で追加された一八三三年法案第二九条、一八三五年の動物虐待法案第一一条にも認められたことから、動物虐待法の第三条のみならず、一八三三年法第二九条についても動物闘技の違法性を規定しようとする意図は明白だったといえる。

それに加え、先行研究の指摘にもあったように、動物虐待法は「動物の福祉（動物の苦痛）」を認める「動物保護法」としての性格を強く有してもいた。このことは確かにもう一つの先行法、すなわち一八二二年法との歴史的関連を示すものといえる。イングランドにおける動物闘技の違法性はその後も「動物虐待罪」を中心に規定されていくことになるが、これは、一八二二年法ならびに同法の「改正」を強く求めた動物保護に関わる運動団体による請願と、それを背景に成立した動物虐待法が、後続の制定法や動物闘技の違法性に関する関連諸規定に対して及ぼした大きな歴史的影響の一つといえる。[56] そして、動物闘技を違法とするイングランド法の対応は現在もなお変更されてはいないのである。

6　動物虐待法のスポーツ史的意義

イングランドにおける動物闘技は動物虐待法が成立する以前から治安当局による介入を受けていた。しかし、一八二二年法が動物闘技には適用できないことを王座裁判所が明らかにしたことにより、動物闘技の実行者を告発しようとする者はその後もコモン・ロー上の生活妨害罪に頼るよりほかなかった。だがその一方で、この罪状をすべての動物闘技に適用することは困難だったことから、当初から動物闘技の違法性を明確に規定しようとして提案され、そして最初に下院への上程を認められたのが一八三二年法案であった。成立には至らなかったものの、同法案は引き続き一八二二年法の改正を求める請願とともに下院における特別委員会の召集と同委員会による実情調査を招来し、さらに委員会報告書は動物闘技を摘発する上での現行法上の不備を広く知らしめる結果となった。

ただし、一八三二年の第一次選挙法改正法に基づいて実施された一八三三年初頭の総選挙でマッキノンが議席を失った結果、彼自身による動物虐待法案の再提出は頓挫した。そのため、動物闘技の違法性に関わる規定の一八三三年法案への追加と動物虐待法案の提出は、皮肉にも同じ選挙で初の議席を獲得したピーズ下院議員を中心に行われたのである。一八三三年法第二九条は「風紀紊乱」を根拠

図21．豚つかみ競争（1785年頃）

豚の尻尾をつかみ、後ろから豚につかまる競技。尻尾には石鹸が塗られており、つかまえるのは容易ではなかった。イングランドではもっとも人気のある伝統的なスポーツの一つだった。

にして首都警察の管轄区域内における動物闘技の違法性を認める初の制定法となったが、そのことは動物闘技の違法性が必ずしも「動物の福祉（動物の苦痛）」にのみ帰するものではなかったことを示している。また、本章ではこの規定が下院第三読会の段階で急遽法案に加えられたものだったことを示したが、そこでは僅差で否決されていた委員会段階における評決が逆転していたのであり、その情況は一八三五年における動物虐待法案の審議でももはや変わることはなかったのである。[57]

ピーズが一八三五年に提出した動物虐待法案には、「動物虐待」の助長に繋がること、周辺住民への「迷惑行為」と「生活妨害」に該当すること、そして当事者の「風紀紊乱」を招くことを理由に、動物闘技の実施場所の維持が違法であることを認める規定が当初から含まれていた

図22．あひる狩り
パーシー・ロバーツ作（1823年）

が、そこには一八三二年の特別委員会報告書と一八三三年法第二九条の影響を見て取ることができる。つまり、動物虐待法第三条は、一八三三年法第二九条の規定内容を引き継ぐとともに、それまでコモン・ローの適用によって示されてきた動物闘技の違法性を一八二二年法が規定した「動物虐待罪」の適用範囲を拡大することで明確に規定し直すものだったといえるだろう。すなわち、「動物虐待の助長」は一八二二年法を、また「風紀紊乱」は一八三三年法第二九条の趣旨を継承するものであり、「迷惑行為並びに生活妨害」についてはコモン・ロー上の生活妨害罪が念頭におかれていたということである。

この結果、イギリス議会は一八三五年の動物虐待法を通じて「生きた動物」を用いるスポーツの合法的な実施を認める上での一定の条件を提示したといえる。それは上記四つの違法性の根拠につながる要素の払拭であり、「動物の福祉（動物の苦痛）」への配慮であった。ただし本章の冒頭でも述べたように、この段階で同法が保護対象とした動物種のなかに「野生動物」はまだ含まれてはいなかったのである。

第二章　公道法（一八三五年）と公道でのスポーツ活動の違法性

——関連法案の比較を通して——

1　本章の課題

1.1　問題の所在

本章の目的は、イングランドにおけるスポーツの近代化と刑法の歴史的関係に関する研究の一環として、一八三五年に成立した公道法（5&6 William4, c.50）〔以下、「公道法」とする〕と公道[1]でのスポーツ活動の違法性との関係に注目し、関連法案の比較を通して公道でのスポーツ活動の違法性を示す規定が同法に盛り込まれた経緯を跡づけることにより、一九世紀イングランドにおける制定法と前近代的なスポーツ活動の違法性に関する新たな知見を得ることにある。

本研究の観点はとくに筆者が行ってきた一連の研究を引き継ぐものであるが、この問題に関するイングランド法の対応をより包括的に明らかにするためには、判例や権威書に加え、制定法についても検討する必要があるはずである。[2]

イングランドでは、一九世紀後半に入って競技スポーツの組織化が一気に進むが、同時に前近代的な要素を含み持つ多種多様なスポーツがまだ存在しており、共有地やマーケット広場等とともに公道がそれらの実施場所として広く利用されていた経緯がある。[3]しかし、一八三五年に成立した公道法は「公道でのフットボールやその他のゲーム」を違法と規定したことから、その後の当該競技の実施に対して廃止を含む大きな影響をもたらしたことが知られている。[4]

イングランドのフットボールは、同法の成立以前にも治安判事らによる介入を受けていたが、そこでの罪状はコモン・ロー上の生活妨害罪や治安破壊罪であった。だが、生活妨害罪は周辺住民による告発がなければ有罪判決を得ることが難しかったし、治安破壊罪についてもそこに生ずる「民衆の恐怖」が立証されなければならなかった。これに対し、公道法は公道における「フットボールやその他のゲーム」の違法性を明確に規定したことで、周辺住民による告発や地方政府による命令・条例等がなくても、治安判事や警官が直接その場に介入する上での法的根拠となったのである。[5]

図23. 18世紀初頭のストリート・フットボールの様子（1721年）

では、公道法は公道でのスポーツ活動に対していかなる違法性を見出していたのか、また、そのような規定はいかなる経緯で同法に盛り込まれたのか。これらの点を明らかにすることは、イングランドにおけるスポーツの近代化と刑法との関係を読み解く上で重要かつ基礎的な作業と考えられるが、管見ではこの点に関する十分な検討はまだなされていない。[6] 制定法に基づく規定は国会審議を経て成立したものであることから、同時代の議会資料を紐解くことでその立法過程を跡づけることが可能となる。そこで本章では、公道でのスポーツ活動の違法性という観点から同規定の立法過程を跡づけることにより、公道法のスポーツ史的意義に関する新たな歴史的知見を得たいと考えている。

1.2 課題の設定

前述の目的により、本章では具体的につぎの三点を明らかにするものとする。

① 公道法の立法過程の概略

② 公道でのスポーツの違法性に関する規定の内容とその根拠

③ 当該規定が公道法にもり込まれた経緯

なお、本研究では歴史的事象を対象とするため、文献資料に基づく調査方法を用いている。また主たる資料としては、一般に英国議会文書として知られている一次資料のなかから、とくに基本的な資料とされる『法令集 Statutes at Large』、『本会議速記録

Hansard』、『議事日誌 Journals』、上院ならびに下院で公示された法案等を用いる。[7]

2 公道法の立法過程

公道法が成立したのは一八三五年八月三一日のことで、「イングランドと称される英国の一部における公道に関する法を統合し修正するための法（An Act to consolidate and amend the Laws relating to Highways in that part of Great Britain called England）」が同法の正式名称、また「公道法、一八三五年（Highway Act, 1835）」が正式略称である。[8]

前文によれば、公道法の目的は「イングランドと称される英国の一部における公道に関する法を修正すること、また同様の法を一つの法に統合し、その他の公道に関する規定を定めること」にあった。[9] ここでいう公道 highways には、道路 roads、橋 bridges（州が管理する橋（county bridge）は除く）、馬車道 carriageways、荷車しか通れないような細い道 cartways、馬専用道路 horseways、橋道 bridgeways、歩行者専用道路 footways、人道 causeways、教会道路 churchways、歩道 pavements が含まれるものとされた（第五条）。なお、一八三一年に公道法案の提出動議を行ったポートマン下院議員[10]は、同年八月九日の下院における審議のなかで、その目的が「公道の管理に関するおびただしい弊害を正すこと」にあったと述べていた。[11]

議会文書によれば、公道法の目的と同じ趣旨の法案が初めて下院に提出されたのは一八三一年二月一五日のことだったが、当初は下院のみの審議に終始し、上院への法案の上程は一八三四年まで待たなければならなかった（次頁表4を参照）。[12]

一八三四年に入って初めて上院による公道法案Aが公示されたが、この法案も同会期中の成立はならず、翌年の一八三五年三月二〇日に改めて下院による公示が行われた。ちなみに、このときの法案は下院だけで少なくとも一一回目の公示となる法案⑪であった。

同法案は一八三五年三月二〇日に下院第一読会を通過し、すぐさま公示された後、同月二五日に下院第二読会を通過した。五月に政権交代が生じた結果、委員会段階の通過は五月二七日にずれ込んだが、六月三日には下院委員会の報告段階、そして同月五日に下院第三読会を通過し、すぐさま上院へ送付されている。その後、六月一一日には上院第一読会を通過し、公道法案Bが上院によって公示された後、同法案は同月二四日に上院第二読会を通過し、同日、上院特別委員会が召集された。その後、七月一三日に上院委員会による修正案を盛り込んだ公道法案Cが公示された後、同法案は八月一七日に上院の報告段階、同月二四日に上院第三読会を通過した。下院に再度送付された後、同月二五日には下院が上院による修正を経た公道法案⑫を公示し、上院の修正案に同意した結果、八月三一日に成立した。

表４　公道法案に関する審議の概略

会期	日 付	事　　項
1831 年	2 月 11 日	「公道法案」①が下院第一読会を通過
	2 月 16 日	「公道法案」①が下院第二読会を通過し、下院特別委員会が招集される
	4 月 20 日	下院で「公道法案」①に反対する請願
1831 年	6 月 24 日	「公道法案」②が下院第一読会を通過
	7 月 1 日	「公道法案」②が下院第二読会を通過し、下院特別委員会が招集される
	7 月 27 日	「公道法案」②が下院報告段階に入り、修正案を盛り込んだ「公道法案」③が公示される
		下院で「公道法案」③に反対する請願
	7 月 29 日	下院で「公道法案」③に反対する請願
	8 月 2 日	下院で「公道法案」③に関する請願
	8 月 3 日	下院で「公道法案」③に反対する請願
	8 月 9 日	下院で「公道法案」③が継続審議とされ、会期中の成立が見送られる
1832 年	3 月 23 日	下院で「公道法案」④が公示される
	5 月 11 日	「公道法案」④が下院第二読会を通過
	5 月 24 日	下院で「公道法案」④に反対する請願
	6 月 13 日	下院で「公道法案」④に関する請願
	6 月 15 日	下院報告段階を通過し、修正案を盛り込んだ「公道法案」⑤が公示される
	6 月 25 日	下院で「公道法案」⑤に反対する請願
	6 月 27 日	下院で「公道法案」⑤に反対する請願、委員会審議が延期される
	7 月 2 日	下院で「公道法案」⑤に関する請願
	7 月 12 日	下院で「公道法案」⑤に反対する請願、委員会審議が延期される
	7 月 18 日	下院で「公道法案」⑥が公示されるが、継続審議が命じられ、会期中の成立は見送られる
	7 月 27 日	下院で「公道法案」⑥に反対する請願
1833 年	2 月 26 日	「公道法案」⑦が下院第一読会を通過し、公示される
	3 月 11 日	「公道法案」⑦が下院第二読会を通過
	4 月 15 日	下院で「公道法案」⑦の成立を求める請願、常任委員会の審議が延期される
	4 月 22 日	特別委員会が召集された後、下院で「公道法案」⑦に反対する請願
	4 月 26 日	下院で「公道法案」⑦の成立を求める請願
	5 月 8 日	下院で「公道法案」⑦に関する請願
	5 月 17 日	下院で「公道法案」⑦に反対する請願
	5 月 31 日	上院で「公道法案」⑦に反対する請願
	6 月 11 日	下院で「公道法案」⑦に反対する請願
	6 月 17 日	下院特別委員会の結果が報告され、修正案を盛り込んだ「公道法案」⑧が公示される
	7 月 23 日	「公道法案」⑧が常任委員会に付される
	8 月 5 日	下院で、「公道法案」⑧に関する請願
	8 月 7 日	下院で「公道法案」⑧に反対する請願
	8 月 8 日	下院で会期中の成立が見送られる
	8 月 14 日	下院で「公道法案」⑧に反対する請願

1834年	2月25日	下院で「公道法案」に関する請願
	2月27日	「公道法案」⑨が下院第一読会を通過し、公示される
	3月26日	「公道法案」⑨が下院第二読会を通過
	4月16日	下院で「公道法案」⑨に関する請願
	5月7日	下院で「公道法案」⑨に反対する請願
	6月13日	下院で「公道法案」⑨に関する請願
	6月25日	「公道法案」⑨が下院委員会を通過
	7月8日	下院の報告段階に入り、「公道法案」⑩が公示される
	7月19日	「公道法案」⑩が下院の委員会報告を通過
	7月22日	「公道法案」⑩が下院第三読会を通過、上院に送付される
	7月23日	上院が「公道法案」Aを公示
	7月25日	下院で「公道法案」に反対する請願
1835年	3月20日	「公道法案」⑪が下院第一読会を通過し、公示される
	3月25日	「公道法案」⑪が下院第二読会を通過
	5月27日	「公道法案」⑪が下院委員会で審議され、いくつかの修正を受け、通過
	6月3日	「公道法案」⑪が下院委員会の報告段階を通過
	6月5日	「公道法案」⑪がいくつかの修正と共に下院第三読会を通過し、上院に送付される
	6月11日	「公道法案」が上院に送付され、上院第一読会を通過、上院が「公道法案」Bを公示
	6月24日	「公道法案」Bが上院第二読会を通過し、上院特別委員会が召集される
	7月13日	上院特別委員会の報告がなされ、上院委員会を通過、上院が修正を経た「公道法案」Cを公示
	8月7日	上院特別委員会に再審議が命じられる
	8月12日	上院特別委員会からの報告あり、全院委員会への上程が命じられる
	8月17日	「公道法案」Cが上院報告会を通過(上院委員会による修正案が読み上げられる)
	8月24日	「公道法案」Cが上院第三読会を通過し、いくつかの修正が加えられる
	8月25日	下院が、上院の修正案を反映した「公道法案」⑫を公示
	8月31日	国王の裁可(royal assent)を受け、「公道法」が成立

〔出典〕

JHC：vol.86(pt.1), p.238, p.257, p.510, vol.86(pt.2), p.557, p.597, p.701, p.709, p.717, p.722, p.735, p.739, vol.87, p.218, p.243, pp.308–309, p.336, p.394, p.402, p.432, p.435, p.438, p.449, p.483, p.484, p.499, p.530, vol.88, p.124, p.126 , p.155, p.269, p.272, pp.297–298, p.300, p.315, p.365, p.404, p.475, p.494, pp.594–595, p.634, p.645, p.649, p.670, vol.89, p.63, p.72, p.170, p.188, p.261, p.391, pp.430–431, p.471, p.497, p.510, pp.513–514, p.522, vol.90, p.144, p.166, p.291, p.312, p.320, p.590, p.611.

JHL：vol.65, p.384, vol.67, p.198, p.239, p.295, p.494, p.547, pp.564–573, p.607, p.654.

PD：vol.4, colm.320, vol.5,colms.1035–1036, vol.11, colm.805, vol.15, colms. 1144–1146, vol.17, colm.116, colm.1034, colm.1343, vol.18, colm.166, colm.555, vol.19, colms.1104–1107, vol.24, colms.849–850, vol.27, colm.218, vol.28, colm.1121, vol.30, colms.565–568, colm.869, colm.1122.

HLSP：1834, I. Pt.2.,pp.883–4, 1835, I, pp.257–258, pp.329–330.

HCPP：1831(10) II, p.227, 1831(116) II, p.273, 1831–32(308) II, p.133, (526) II, p.203, (610) II, p.273, 1833(31) II, p.397, 1833(395) II, p.467, 1834(62) II, p.445, (470) II, p.507, 1835(69) III, p.95, (564)III, p.159.

以上が公道法の立法過程の概略であるが、議会における審議が数年間に及んだことから、下院議会文書と上院議会文書には、それぞれ複数の法案が残されることとなった。

3 公道でのスポーツ活動の違法性

一八三五年に成立した「公道法」は全部で一一八条から成る比較的大部の制定法だが、公道におけるスポーツ活動への直接的な言及が認められたのは第七二条においてであった。

第七二条は「歩行専用の小道 footpath に馬を乗り上げる等の生活妨害罪を犯した者への刑罰」を規定したもので、当該箇所の文言を抜き出すと以下のとおりとなる。

「公道のいかなる場所においても、フットボールないしは他のゲームを行い、通行人に対する迷惑行為を為した者、あるいは公道ないしはその近くで牛掛けを行うか、その目的で牛追いを行った者はいずれも生活妨害罪を犯し、四〇シリング以下の罰金とさらにそこで生じた損害への賠償金を支払うものとする。」

ちなみに、マーカムソン及び松井は、刑罰に関し、罰金以外にも損害賠償に関する規

表5　公道法（1835年）第72条で言及された違法行為

1. 歩行者の利用と便宜のために作られたかあるいは部分的に残されている歩行者専用の小道ないしは道路わきの人道に馬に乗って故意に入る行為。
2. 歩行者専用の小道ないしは人道に、馬、ロバ、羊、ラバ、豚、畜牛、車、手押し車、そりを故意に引き入れる行為。
3. 繋がれた家畜に危害を加えたり、解き放つ目的で、馬、ロバ、ラバ、豚、畜牛を公道上に繋ぎ留めたりする行為。
4. 公道、生垣、柱、横木、壁、柵を破損したり、損害を誘発したりする行為。
5. 故意に、歩道の通行を妨げる行為。
6. 故意に、公道の表面を破壊したり、破損させたりする行為。
7. 検査人が固定した柱、台石、石を故意ないしは気まぐれに引き抜く、切り出す、移動させる、あるいは破損させる行為。
8. 公道の安全を保ち保全している土手を削り取ったり、掘り崩したりする行為。
9. 橋の欄干ないしは間に置かれた石、れんが、木を破損させる、危害を加える、投げ倒す、あるいは別の方法でそれらを傷つけたり、外観を損なったりする行為。
10. 公道に建てられた里程標石(マイルストーン)や柱、標識を引き抜く、壊す、持ち去る、あるいはその外観を損なう行為。
11. 公道でフットボールないしはその他のゲームを行い、通行人への迷惑行為を行うこと。
12. 呼び売り商人、行商人、ジプシーないしはその他の旅を行う者が公道の一部に天幕を張ったり、小屋、露店、屋台を建てる、あるいは野営したりする行為。
13. 馬車道ないしは、荷車専用の細道の中央から50フィート以内で、火を燃やすあるいはその幇助、銃あるいは拳銃の気まぐれな発砲、爆竹、火矢などの火器の設置、またそれらを気まぐれに放ったり投げたりする行為。
14. 公道ないしはその近くで牛掛けないしはそれを目的とする牛追いを行うこと。
15. 公道に木材、石、干草、藁、肥料、石灰、汚物、灰、ごみその他のものを放置し、公道の破損、通行人への傷害、妨害、危害をもたらす行為。
16. 家屋、建物、建造物、土地等から公道に向けて汚物、泥、石灰、その他の不快な物を流し込む、あるいはたれ流す行為。
17. 何らかの方法で公道の自由な通行を故意に妨害する行為。

† 下線は筆者による。

定が含まれていたことについてはふれていなかった。[13] また、四〇シリング以下の罰金刑は他の刑罰に比べれば軽微なものであった。[14]

公道法の第七二条において違法行為として言及された個別の行為をまとめたのが表5（前頁）である。ここに列挙された行為に対する違法性の根拠は、いずれもコモン・ロー上の生活妨害罪に求められていた。この点についても先行研究では指摘されていなかったが、フットボールがとくに通行人に対する迷惑行為 annoyance を理由に禁じられていたという点についてはマーカムソンが指摘したとおりであった。[15]

4　公道法第七二条の立法過程

すでに述べたように、公道法は下院ならびに上院による複数の修正を経て成立したものだったことから、上述の公道における生活妨害罪に関する条項についてもやはり複数の案が議会文書に記録されていた。両院で公示された複数の法案のなかから、当該規定案の内容の変遷を示したのが表6である。表6（次頁）より明らかとなったのは以下のような点であった。

（1）　最初の法案①におけるスポーツ活動の内容は、一八二二年に成立した「有料道路法（3 George 4, c.126）第一二一条をそのまま踏襲するものであった。該当する部分を抜

表6　公道でのスポーツに関する規定案の変遷

規定案の内容(日付)	出　典
法案①(1831年2月15日) 歩行者専用道路に馬で乗り入れる等による生活妨害罪を犯した者に対する刑罰 (3 Geo.4.c.126, s.121) また次のように定める。もし、何者かが・・・牛掛けないしはその目的による牛追い、フットボール、テニス、ファイヴズ、クリケットないしはその他のゲームを公道ないしはそのわき、あるいはその近くで行い、通行人への迷惑行為を行った場合、・・・すべての者は罪を犯し、それにより生じた損害賠償に加え、40シリング以下の罰金を支払うものとする。	HCPP, 1830-31(150) Ⅰ, pp.558-560.
法案②(1831年6月24日) 同上	HCPP, 1831(10) Ⅱ, pp. 250-252.
法案③(1831年7月26日) 同上	HCPP, 1831(116)Ⅱ, pp.302-304.
法案④(1832年3月23日) 同上	HCPP,1831-32(308) Ⅱ, pp.164-166.
法案⑤(1832年6月15日) 同上	HCPP, 1831-32(526) Ⅱ, pp.231-233.
法案⑥(1832年7月18日) 同上	HCPP,1831-32(610) Ⅱ, pp.302-304.
法案⑦(1833年2月26日) 同上	HCPP, 1833(31) Ⅱ, pp.426-427.
法案⑧[下院特別委員会による修正案](1833年6月17日) 第77条　また次のように定める。もし、何者かが・・・牛掛けないしはその目的による牛追いを公道ないしはその近くで行った場合、・・・すべての者は罪を犯し、それにより生じた損害賠償に加え、40シリング以下の罰金を支払うものとする。	HCPP, 1833(395) Ⅱ, p.467, pp.497-498.
法案⑨(1834年2月27日) 第66条　同上	HCPP, 1834(62) Ⅱ, pp.472-473.
法案⑩(1834年7月8日) 第67条　同上	HCPP, 1834(470) Ⅱ, pp.535-536.
法案A(1834年7月23日) 第68条　同上	HLSS, 1884. I, Pt.2. pp.883-884.
法案⑪(1835年3月20日) 第65条　同上	HCPP, 1835(69) Ⅲ, pp.121-122.
法案B(1835年6月11日) 第68条　同上	HLSS, 1835. I, pp.257-258.
法案C[上院特別委員会による修正案](1835年7月13日) 第72条　また次のように定める。もし、何者かが・・・公道の一部においてフットボールないしは他のゲームを行い、通行人への迷惑行為を行ったり、・・・牛掛けないしはその目的による牛追いを公道ないしはその近くで行った場合、・・・すべての者は罪を犯し、それにより生じた損害賠償に加え、40シリング以下の罰金を支払うものとする。	HLSS, 1835. I, pp.329-330.
法案⑫(1835年8月25日) 第72条　また次のように定める。もし、何者かが・・・*公道の一部においてフットボールないしは他のゲームを行い、通行人への迷惑行為を行ったり、*・・・牛掛けないしはその目的による牛追いを公道ないしはその近くで行った場合、・・・すべての者は罪を犯し、それにより生じた損害賠償に加え、40シリング以下の罰金を支払うものとする。 [注記：イタリックで印刷された部分及び規定は上院により加えられた。]	HCPP, 1835(564)Ⅲ, pp.204-205.

き出すと以下のとおりとなる。

「牛掛けを行ったり、その目的で牛追いを行ったり、あるいはフットボール、テニス、ファイヴズ、クリケットその他のゲームを行うこと」。

つまりこの時点では、牛掛け及び牛追いと併記されるかたちで、フットボール、テニス、ファイヴズ、クリケットという複数のボール・ゲームが挙げられていたのである。なお、法案①では公道で上記のスポーツ活動を行うことが通行人への迷惑行為にあたるということがすでに明記されてもいた。また、罰金が四〇シリング以下であること、また損害賠償が伴われるとする刑罰の内容は一八三五年の公道法にいたるまで一貫したものでもあった。したがって、一八三五年法第七

図24. イートン校のファイヴズ・コート（19世紀末）

ファイヴズは手のひらで壁に向かってボールを打ち合う球技である。図11も参照。

二条の刑罰規定については、一八二二年の有料道路法第一二一条の規定をそのまま踏襲したものだったといえる。

（2）下院議会文書によれば、一八三三年六月一七日に下院で再び法案⑧が公示された時点で、上記の規定案から「フットボール、テニス、ファイヴズ、クリケットその他のゲーム」という文言はいったん削除されていた。同年二月二六日に下院から公示された法案⑦には最初の規定案からの変化は認められず、また、法案⑧が下院特別委員会による修正法案だったことから、この変更が同特別委員会の修正要求に基づくものだったと考えられる。ただし現状では、法案⑦が法案⑧へと修正される間に同下院特別委員会でなされた審議の内容が不明であることから、このような修正が加えられた詳しい理由については明ら

図25．18世紀末のクリケットの様子

かではない。『本会議速記録』ならびに『議事日誌』により、この間に両院で同法案に対する複数の請願が為されていたことが判明したが、いずれも当該箇所についての直接的な言及は認められなかった。

（3）法案⑧で削除されたボール・ゲームに関する記述は最後まで復活することはなかったが、先述のように、じっさいに施行された公道法第七二条には「フットボールないしはその他のゲーム」という文言が認められる。両院による議会文書に収められた複数の法案を比較することで明らかとなったのは、一八三五年七月一三日付で上院によって公示された法案Cで初めてこの記述が確認できるということである。また、当該行為における違法性の根拠が「通行人への迷惑行為」にあたるとする記述もこの時点で再び盛り込まれたものであった。そして、下院によって再度公示された八月二五日付の法案⑫では、この部分がイタリック体で表記されており、そこから当該箇所が上院特別委員会による修正要求に基づくものだったことが明らかとなった。[16]

5　公道法のスポーツ史的意義

5.1　まとめ

本章において新たに得られた知見をまとめると以下のとおりとなる。

（1）公道法の目的と立法過程の概略

一八三五年の公道法の目的は「イングランドと称される英国の一部における公道に関する法を修正すること」、そして「同様の法を一つの法に統合し、その他の公道に関する規定を定めること」にあった。同様の趣旨の法案が初めて下院に上程されたのは一八三一年二月一五日のことで、そこから同法の成立にいたるまでに、下院による法案の公示は少なくとも一二回、上院による法案の公示は少なくとも三回に及んでいた。

（2）公道でのスポーツ活動の違法性に関する規定の内容とその根拠

当該規定を検討した結果、先行研究では指摘されていなかった点として、公道での牛掛け及び牛追いを違法とする規定が第七二条に記載されていたこと、また、刑罰に関しては、罰金以外の損害賠償に関する規定が含まれていたことが確認できた。また、そこでは公道での当該スポーツの違法性が、コモン・ロー上の生活妨害罪から導き出されたものだったことが明らかになった。[17]

（3）同規定が公道法に盛り込まれた経緯

① 最初の規定案は一八二二年の有料道路法における第一二一条の内容を踏襲するものだったことから、当初は公道での実施が違法と見なされるスポーツのなかに「テニス、ファイヴズ、クリケット」が含まれていた。

② 他方、公道での「牛掛け及び牛追い」が違法と規定されていた点、及びそのさいの

罰金に関する規程の内容については最初の法案から一貫したものだったが、いずれにしても、一八三五年法における当該規定は一八二二年の有料道路法第一二一条による規定を一般の公道へとその適用範囲を広げることを意図したものであった。[18]

③一八三三年六月一七日に下院で再び法案が公示された時点で、そのなかの規定案から「フットボール、テニス、ファイヴズ、クリケットその他のゲーム」という文言が削除されたが、これは下院特別委員会の修正要求に基づくものであった。

④上記法案において一旦削除されたボール・ゲームに関する記述が以前のままの形で復活することはなかったが、「フットボールないしはその他のゲーム」とその違法性の根拠とを示す文言が同規定に再び盛り込まれたのは一八三五年七月一三日に上院が公示した法案からであった。また、同年八月二五日に下院によって公示された法案の記載内容ならびに『上院議事日誌』の記述から、その修正が上院特別委員会の要求に拠るものだったことが明らかとなった。

⑤同法第七二条はこうして、公道での牛掛け、牛追い、フットボールの実施を明確に違法と規定する結果となったが、当初の規定案と比較すれば、「テニス、ファイヴズ、クリケット」という文言が削除されたことで、公道でのスポーツ全般に対する「法的規制」としては限定的な規定内容に止まるものだったといえる。

5.2 結語

本章では、公道法における スポーツ活動に直接関わる規定とその立法過程の概略について、とくに同時代の議会文書を手がかりに検討した結果、一八三五年の公道法における当該規定については、特定のスポーツ活動への言及の内容が法案段階で大きく変化していたことが明らかとなった。したがって、制定法に基づいて明確に違法とされる公道でのスポーツ活動の内容そのものはすぐれて政治的な判断によって決定されたものだったということができる。また直接言及されなかったものについても、英国議会は公道法第七二条を通して合法性が認められるための一定の条件を提示したともいえる。それはコモン・ロー上の生活妨害罪につながる要素の払拭であり、とりわけ公道の通行権に対する配慮であった。

公道での「牛掛け、牛追い」、ならびに「フットボールないしはその他のゲーム」が違法行為として明記されたのはまさにこの観点に基づくものだったのであり、そこにはコモン・ローによって規定されていた「生活妨害」の違法性をとくに制定法によって明確に規定し直そうとする意図が見て取れた。また同規定は、そのことにより、公道を娯楽やスポーツの場として利用してきたかつての人びとの慣習的な諸権利に対して「万人の通行権」を優先させる結果を招いたものとも考えられる。[19]

なお、規定案の変遷から、同規定では「テニス、ファイヴズ、クリケット」という三つのボール・ゲームについての直接的な言及が避けられていたことが明らかとなった。[20] それは同規定が公道でのスポーツ全般に対する「規制」としては限定的な内容にとどまるものだったことを意味している。それに加え、本章では「フットボールその他のゲーム」がその後の上院特別委員会の修正要求に基づいて挿入されていたことを明らかにした。このことは一九世紀前半のイングランドにおけるスポーツの近代化と刑法との歴史的関係を読み解く上でたいへん重要な発見だったといえる。それが同時代のイングランドにおいて、政治が民衆のスポーツ活動に直接介入しようとした具体例であると同時に、英国の上院議会がこれほどはっきりと特定のスポーツ活動の違法性を規定しようとした例はこれまでほとんど知られていなかったためである。[21]

本章では両院における法案修正の理由については明らかにできなかったが、この点については同時代の公道でのフットボールや上記三つのボール・ゲームの実施状況と主たる担い手などの関係についてのさらなる検討が必要となる。今後の課題としたい。

第三章　一九世紀イングランドにおけるスポーツと制定法

―『チティの実用制定法集』第五版（一八九四年）を手がかりとして―

1　本章の課題

1．1　目的

本章の目的は、スポーツの近代化と刑法との歴史的関係に関する研究の一環として、一九世紀イングランドにおける制定法に基づくスポーツ規制の広がりを考察することにある。

筆者は、かつて一九世紀に出されたスポーツに関わる諸判例を検討することにより、当該スポーツの合法化がイングランド法における「免責される殺人」の裁定を得るさいの要件であったこと、またそのことが同時代のボクシングやフットボールの近代化に対しても一定の影響を与えていたことを指摘したが、そこで問題となるのが、同時代のイングランド法がいかなるスポーツを合法と見なしていたかという点であった。[1] このことに関するイングランド法の対応を明らかにするためには、判例や権威書に加え、制定法についても検討する必要があるが、管見では、このような観点から、同時代における制定法とスポーツとの関連を包括的に示した研究はまだ認められない。[2]

そこで本章では、同時代のイングランドにおいて何らかのスポーツ実践に関連する規定を有していたと考えられる制定法について、とくに『チティの実用制定法集』第五版

（一八九四年）〔*Chitty's Statutes*, 5th ed.（1894）〕と同書が採用する分類項目を手がかりにして検討を加えることにより、同時代のスポーツと制定法との歴史的関係に関するより包括的な知見を得たいと考えている。

1．2　方法及び課題の設定

イングランドにおける歴史的な制定法の内容を知るためには、いくつかの既存の法令集を利用するのがもっとも一般的な方法である。英国法学で用いられる法令全書的な法令集は大きく分けて二種類ある。「毎年制定される法令をまとめて刊行する法令全書的なもの」と、「現行法を系統的にまとめた六法全書的なもの」である。[3] 前者について、とくに古い時代の制定法を対象とする場合には *Statutes at Large* と呼ばれる法令集が、また後者については *Chitty's Statutes* や *Halsbury's Statutes of England* などがよく用いられる。いずれも同時代の私的な法令集ではあるが、研究者の間でも広く利用されてきた。[4]

上記二種類の法律文書のうち、法令全書的な法令集は、刑法、民法、行政法などの区別をせず、一定の期間に施行されたすべての制定法をその成立順に掲載したものである。そのため、個々の制定法の全文を確認するのに適してはいるが、本章のように、特定の内容に関わる規定ならびに制定法を抽出しようとする場合には必ずしも便宜たりえない。また、六法全書的な法令集も同様にすべての制定法をとり扱ってはいるが、それぞれ独自の分類項目に基づいて整理していることから、その分類項目と研究対象とが一致しない場合には、別の方法で該当する制定法を探していく必要がある。また、それらは刊行された時点で有効な法律を示すことが主たる目的であるため、廃止や改正によってすでに無効となった規定については基本的に知ることができない。

たとえば、ハスベリーの法令集は初版が一九〇七年から一九一七年の一一年間にかけて出版されているが、この版を用いてもそこから知りえる内容は二〇世紀初頭の時点で効力を有していた法律となる。また、同書には索引が付されていないため、複数の分類項目に分散することが予想されるスポーツに関わる制定法を抽出するのはきわめて困難である。ハスベリーと同様、チティもいわゆる六法全書的な法令集であり、その内容はあくまでも刊行年である一八九四年を基準としている。その結果、一九世紀に出された制定法であっても、その時点ですでに無効となっていた規定については原則として収録されておらず、一八九五年から一九〇〇年の間に施行された制定法についても対象から外れることとなる。だが、同書には充実した索引が付されており、そこから制定法のみならず、各規定の内容についても知ることが可能である。

以上の理由から、一定の限界はあるものの、本章では、『チティの実用制定法集』第五版〔以下、*Chitty* とする〕を一次史料として用いることにした。[5)]同書が収録した制定法を中心にスポーツ法制史の観点から検討を加えることにより、同書が採用するいかなる分類項目の制定法がスポーツに関わる規定を有していたかを提示すること、また、そこから今後の研究課題を明らかにすることが本章の課題である。

1．3　先行研究と研究対象の検討

表7（次頁）は、一九九〇年代以降に刊行されたスポーツ法学領域の三つの研究書が言及している一九世紀以前の制定法を *Chitty* の分類項目に基づいてまとめたものである。[6] この表を参照するだけでも、スポーツに関わる制定法が複数の分類項目にまたがっていたことが理解できるだろう。

本章の課題は *Chitty* そのものを用いてスポーツに関連する制定法とその分類項目を提示することにあるが、そのためには、スポーツに関連する規定を有した制定法を特定するさいの判断基準を明らかにしておく必要がある。そこで本章では、上記のスポーツ法学領域の先行研究に加え、それらが参照していた歴史的研究についても、それぞれの研究対象についての検討を行うこととした。[7]

表8（次々頁）は、表7に上述の歴史的研究から抽出できた制定法を追加し、*Chitty* の分類項目に基づいて整理し直したものである。関連する分類項目はさらに広がりを見せるが、ここでも先行研究における研究対象が問題となる。

マッキントッシュの研究書は、『社会の中のスポーツ』という原題を掲げているが、じ

表7　3つのスポーツ法学研究における関連制定法及び分類種目

文献	制定法	分類項目	主たる内容	掲載頁
A	治安判事法(1361年)	刑法	殺傷力を持つ武器や治安破壊に関する諸規定(スポーツ中の暴力)	p.173
	公益ユース法(1601年)	慈善事業	慈善団体に関する諸規定(スポーツ団体の慈善団体としての登録)	p.68
	公衆衛生法(1875年)	公衆衛生	公衆衛生を促進させるための諸規定	p.41
	狩猟許可法(1860年)	狩猟の獲物	狩猟許可制に関する諸規定(スポーツ権としての狩猟許可)	p.115
	対人犯罪法(1861年)	刑法	「理由ある殺人」に関する諸規定(スポーツ中の暴力ないしファウル)	p.408
	未成年者保護法(1874年)	未成年者と子供	未成年者の金銭的利益を伴う契約に関する諸規定(未成年者のスポーツ参加)	p.149
	漁業権法(1878年)	魚	釣りに関する諸規定	p.116
	騒擾損害賠償法(1886年)	警察	騒擾による損害賠償に関する諸規定(競技場からあふれ出た観客等による破壊行為に対する損害賠償)	p.123
	証人(公共調査)保護法(1892年)	刑法	公共調査に関する諸規定(歴史的なスポーツ施設の移転問題)	p.314
B	改正商船法(1862年)s54	船舶	船舶所有者の運行上の責任に関する諸規定(ボート競技中のルール違反による衝突事故)	p.24
C	治安判事法(1361年)	刑法	殺傷力を持つ武器や治安破壊に関する諸規定(スポーツ中の暴力)	p.151
	刑法(1722年)	刑法	武装した密猟者に対する刑罰の強化と裁判の迅速化	p.7
	公道法(1835年)	公道	公道に関する諸規定(フットボールなどの禁止)	p.15
	賭博法(1845年)	遊戯と賭博	賭博に関する諸規定(不法な遊戯法(1541年)の部分的廃止; 治安紊乱所所有者の刑罰; すべての賭事契約を無効とする)	p.7,p.180
	囲い込み法(1845年)	囲い込み	囲い込みに関する諸規定(囲い込まれていない荒蕪地の保護)	p.2,pp.7-10
	対人犯罪法(1861年)	刑法	「理由ある殺人」に関する諸規定(スポーツ中の暴力ないしファウル)	p.147,p.152
	教育法(1870年)	教育	初等教育の義務化に関する諸規定(学校スポーツ普及の端緒)	p.16
	工場法(1874年)	工場と商店	工場運営に関する諸規定(工場労働者の余暇時間の増加〔木綿産業における週56時間労働の導入〕)	p.16
	競馬場許可法(1879年)	大衆娯楽	競馬場許可制に関する諸規定(ロンドン近郊の競馬場における許可制)	p.180

出典：　A. Grayson(1994)、　B. Beloff, Kerr, and Demetriou(1999)、　C. McArdle(2000)

表 8　Chittyの分類項目に基づく制定法一覧

分類項目	制定法	出典
a).動物　Animals	動物虐待法(1835年)	(2)C
	動物虐待法(1849年)	(2)C
b).浴場と洗濯場　Baths and Wash-Houses	浴場及び洗濯場法(1846年)	(2)A
c).慈善事業　Charities	公益ユース法(1601年)	(1)A
d).刑法　Criminal Law	治安判事法(1361年)	(1)A、C
	刑法(1722年)	(1)C
	対人犯罪法(1861年)	(1)A、C
	証人(公共調査)保護法(1892年)	(1)A
e).教育　Education	初等教育法(1870年)	(1)C
f).工場と商店　Factories and Shops	工場法(1848年)	(2)A
	工場法(1875年)	(1)C
g). 魚　Fish	漁業権法(1878年)	(1)A
h).狩猟の獲物　Game	狩猟法(1671年)	(2)A、C
	狩猟法(1816年)	(2)A、C
	改正狩猟法(1831年)	(2)A
	狩猟免許法(1860年)	(1)A
i).遊戯と賭博　Games and Gaming	賭博法(1845年)	(1)C
	賭事法(1853年)	(2)C
j).公道　Highways	公道法(1835年)	(1)C,(2)C
k).囲い込み　Inclosure	囲い込み法(1845年)	(1)C,(2)C
l).未成年者と子供　Infants and Children	未成年者保護法(1874年)	(1)A
m).地方自治体　Local Government	地方税法(19世紀半ば)	(2)B
n).市場と定期市　Markets and Fairs	定期市法(1871年)	(2)C
o).警察　Police	騒擾損害賠償法(1886年)	(1)A
p).大衆娯楽　Public Entertainment	競馬場許可法(1879年)	(1)C
q).公衆衛生　Public Health	公衆衛生法(1848年)	(2)A
	公衆衛生法(1875年)	(1)A,(2)A
r).船舶　Shipping	改正商船法(1862年)s54	(1)B
s).日曜日(安息日)　Sunday	スポーツ合法宣言(1618年)	(2)A、C
	スポーツ合法宣言(1633年)	(2)C

出典：(1)A.Grayson(1994), (1)B. Beloff, Kerr and Detriou(1999), (1)C. McArdle(2000)
(2)A. McIntosh(1963), (2)B. Mason(1988), (2)C. Malcolmson(1973)

っさいには「スポーツ」のみならず、「体育」や「娯楽」に関する言及も認められる。事実、公衆衛生法（一八四八年及び一八七五年）や浴場及び洗濯場法（一八四六年）への言及は、アスレティシズム（パブリック・スクールに始まる団体競技や競技スポーツの礼賛）に関する章で為されていたものであった。これに対し、メイソンはとくに英国における「スポーツ」の独自性とその現代的な問題に注目するなかで賭博法（一八五三年）と地方税法（一九世紀半ば）についてふれていたのであり、マーカムソンの研究はもっぱらイングランドの「民衆娯楽」を対象とするものであった。このような研究対象の違いは、じつは先行するスポーツ法学領域の研究についても認められる。

たとえば、グレイソンが参照している歴史研究は、もっとも新しいものでもマッキントッシュのみであり、ベロフは参考文献としては歴史研究を一切掲げておらず、グレイソンが取り上げている狩猟、射撃、釣りといったフィールド・スポーツや娯楽についても対象からは除外し、その理由を「ゲームの最後に勝者が明確になる競技スポーツ」に焦点を絞ったためだと述べている。[8] ベロフが一九世紀におけるスポーツ関連の制定法として改正商船法（一八六二年）にしか触れていなかったのはそのような事情によるものだったと考えられる。さらに、マクアードルの研究は主としてフットボールを中心にイングランド法との関わりを論じたものであったことから、フットボールの発展史に関わる記述が見られるマーカムソンとメイソンの研究を参照したものと考えられる。

このような現在のスポーツ史における研究対象の広がりを考慮するとともに、なおかつそれらを包摂するキー概念として、本章では、physical training、sport（競技スポーツのみならず、フィールド・スポーツを含む）、recreation に注目することにした。[9]

2　『チティの実用制定法集』に基づく分類項目

Chitty は第一巻から第一二巻までが法分類の項目別に整理された制定法集であり、第一三巻はすべて索引で構成されている。上述の physical training、sport、recreation に関わる規定を有する制定法の特定にあたっては第一三巻の索引を用いることにした。なお、本研究においては第一三巻に記載された索引事項を基にして関連する制定法をすべて参照したが、そのうえで上記三つの概念に関わる制定法の特定に直接つながったのが表9（次頁）に示した索引事項であった。

次に、表10（次々頁）は、関連する規定を有する制定法を *Chitty* が採用する分類項目に準拠して提示し直したものである（*Chitty* に掲載された制定法のみを記載）。なお、制定法の個別名称については、それぞれの略称（short title）を翻訳して記載しているが、略称、制定年、号数については、*Chronological Table of the Statutes* に依拠した。[10]

表9　制定法と分類項目の特定につながった索引事項

amusement（楽しみ）	angling（釣り）	animals（動物）〔表8-a)〕	animals, cruelty to（動物虐待）
badger（あなぐま）	baiting（動物掛け）	ball, public（舞踏場）	baths and washhouses（浴場と洗濯場）〔表8-b)〕
bear（熊）	betting（賭事）	bicycle（自転車）	billiards（ビリヤード）
bird,wild（野鳥）	black game（黒雷鳥）	boats（ボート）	bodily harm（傷害）
charities（慈善事業）〔表8-c)〕	cock（鶏）	common（入会地）	criminal law（刑法）〔表8-d)〕
dancing and music（舞踏と音楽）	dangerous performance（危険な行為）	education（教育）〔表8-e)〕	factory（工場）〔表8-f)〕
fish（魚）〔表8-g)〕	fair（定期市）	gambling（賭博）	game（狩猟の獲物）〔表8-h)〕
game dealers（獲物の販売業者）	game license（狩猟許可）	gamekeeper（ゲームキーパー）	games and gaming（遊戯と賭博）〔表8-i)〕
gun（銃）	gymnasium（屋内運動場）	hares（野兎）	hazard（ハザード）
heath game（ヒースの獲物）	highways（公道）〔表8-j)〕	holiday（休日）	horse（馬）
horse-racing（競馬）	hounds, pack of（猟犬）	inclosure（囲い込み）〔表8-k)〕	infants and children（未成年者と子供）〔表8-l)〕
kite（凧）	local government（地方自治体）〔表8-m)〕	Lord's day（主日）	lotteries（富くじ）
markets and fairs（市場と定期市）〔表8-n)〕	open field（オープン・フィールド）	open spaces（オープン・スペース）	park（public）（公園）
pistol（拳銃）	pitch and toss（ピッチ・アンド・トス）	playground（運動場）	pleasure ground（遊び場）
poaching（密猟）	police（警察）〔表8-o)〕	prize fight（プライズ・ファイト）	public entertainment（大衆娯楽）〔表8-p)〕
public health（公衆衛生）〔表8-q)〕	public resort（行楽地）	puppy（子犬）	rabits（兎）
race（競馬会）	raffles（ラッフルズ）	recreation ground（レクリエーション用地）	rifle ranges（小銃射撃場）
roly-poly（ロリポリー）	sea birds（海鳥）	shipping（船舶）〔表8-r)〕	shooting（射撃）
shooting gallery（屋内射撃練習場）	skating rink（スケート場）	sport（狩猟家）	Sunday（日曜日；安息日）〔表8-s)〕
sweepstakes（スウィープステイクス）	swimming baths（プール）	theatres（劇場）	

注）表中のアルファベットは表8の分類項目との重複を示す〔以下、同様〕

表10　Chittyの分類項目に基づく制定法一覧（2）

分類項目	制定法	主たる内容	規定の掲載条項	掲載巻；出典
動物 Animals a)	動物虐待法（1849年）12&13 Vict. c.92	牛掛け、熊掛け、闘犬、闘鶏を助長ないしは黙認した者への刑罰；闘鶏の禁止を明記；馬の屠殺への許可制	ss.2-3,s.11	vol.1；(2)C
	動物投薬法（1876年）39&40 Vict. c. 13	馬などの家畜への有害薬物の投与を禁止	s.1	vol.1
	動物虐待法（1876年）39&40 Vict. c. 77	動物虐待に対する刑罰を5ポンド以下から100ポンド以下の罰金ないしは3ヶ月以下の禁固に強化	s.2	vol.1
陸軍　Army	陸軍法(1881年)44&45 Vict. c. 58	私闘(fighting a duel)の禁止；軍隊が認めるレクリエーション室での舞踏会、音楽会などの催し許可	s.38, s.174	vol.1
破産 Bankruptcy	破産法(1890年) 53&54 Vict. c. 71	賭博による破産者に対する免責は無効	s.8(3)(f)	vol.1
浴場と洗濯場 Baths and Wash-Houses b)	浴場及び洗濯場法（1846年）9&10 Vict. c. 74	健康、慰安、福祉の観点から、行政区や教区に公衆の浴場、洗濯場、屋外水浴場の設置を求める	s.1	vol.1；(2)A
	浴場及び洗濯場法（1847年）10&11 Vict. c.61	「浴場及び洗濯場」の設置基準及び使用料金	schedule.1	vol.1
	浴場及び洗濯場法（1878年）41&42 Vict. c.14	屋内プールも「浴場及び洗濯場」に含める；使用料金の基準の改定；施設の閉鎖に関する権限を自治体に移管；同法に基づく屋内運動場の使用料を定める権限	ss.3-5,s.8	vol.1
鳥　Birds	野鳥保護法（1880年）43&44 Vict. c.14	野鳥（海鳥を含む）の禁猟期間中(3月1日から8月1日)の射撃を禁止；特別保護鳥85種類の一覧	s.3, schedule	vol.1
	野鳥保護法（1881年）44&45 Vict. c. 51	違反の例外；特別保護鳥に雲雀(ひばり)を追加	ss.1-2	vol.1
	野鳥保護法（1894年）57&58 Vict. c. 24	特別区域における野鳥の卵の保護；自治体に対して独自に禁猟地区を指定する権限を認める	ss.2-4	vol.1
慈善事業 Charities c)	永代保有及び公益ユース法(1888年)51&52 Vict. c. 42	公園、公立学校（グラウンドを含む）、公立博物館の土地の寄贈に関する諸規定	pt.Ⅲ, s.6	vol.1
刑法 Criminal Law d)	重労働法(1822年)3 Geo. 4, c.114	賭博店経営者に対する重労働を伴う投獄の刑罰	s.1	vol.3
	夜間密猟法(1828年) 9 Geo.4, c. 69	「夜間」、「狩猟の獲物」の定義	ss.12-13	vol.3
	対人犯罪法（1861年）24&25 Vict. c. 100	「理由ある殺人」；射撃による傷害；武器によらない傷害；馬車の危険な運転による傷害	s.7,s.18,s.20,s.35	vol.3；(1)A、C
	窃盗法(1861年) 24&25 Vict. c. 96	鹿の屠殺ないし捕獲；鹿に関する犯罪；銃等の差し押さえ；野生鳥獣保護区での野兎の屠殺ないし捕獲；夜間の野兎の屠殺ないし捕獲；鳩の屠殺；私有の川での釣りないし夜間の釣り(漁業権)；釣り道具の差し押さえ	ss.12-17, ss. 23-25	vol.3
犬　Dogs	首都警察法(1839年) 2&3 Vict. c. 47	首都警察管轄区域内で犬、馬、牛などを解放し、人、馬、牛などを攻撃させたり、けしかけることを禁止（牛掛け、馬掛け、牛追い等）	s.54	vol.3

	地方警察条項法(1847年) 10&11 Vict. c. 89	犬その他の動物を解放し、人、馬、牛などを攻撃させたり、けしかけることを禁止（牛掛け、馬掛け、牛追い等）	s.28	vol.3
	飼犬許可法(1867年) 30&31 Vict. c. 5	飼犬への課税方式の変更; 許可証なしに飼育することへの刑罰; 生後6ヶ月に満たない子犬については無税	ss.2–10	vol.3
	関税及び国内税収法(1878年) 41&42 Vict. c. 15	子犬への課税の特別条項; 犬の年齢証明は飼主に帰する; 生後12ヶ月に満たない猟犬の子犬 は無税	ss.17–23	vol.3
教育 Education e)	初等教育法(1870年) 33&34 Vict. c. 75	初等教育の義務化に関する諸規定	ss.5–24	vol.4; (1)C
工場と商店 Factories and Shops f)	工場及び作業場法(1878年) 41&42 Vict. c. 16	日曜日における工員の雇用を禁止; 休日に関する諸規定(休日増加法1875年も参照); 子供の教育に関する諸規定	ss.21–23, ss. 42–51	vol.4
魚 Fish g)	窃盗法(1861年) 24&25 Vict. c. 96〔再掲〕	私有の川での釣りないし夜間の釣り(漁業権); 不法な釣人への刑罰; 釣り道具の差し押さえ	ss.24–25	vol.4
	損害賠償法(1861年)24&25 Vict. c. 97	私有の川や池からでの不法な釣り(漁業権の侵害)に対する窃盗罪の適用	s.32	vol.4
	鮭漁法(1861年) 24&25 Vict. c. 109	イングランドにおける鮭の供給量を保つための諸規定; 照明、槍、網などの使用、若い鮭、産卵期の捕獲などを禁止; 以前の関連制定法の廃止	preface, ss.5-22, s39, schedule	vol.4
	鮭漁法(1865年) 28&29 Vict. c. 121	鮭漁の地域制限とその権限; 許可制に関する諸規定	preface, ss.33-38	vol.4
	鮭漁法(1873年) 36&37 Vict. c. 71	定義; 鮭漁の許可地域; 鮭漁及び鮭販売の制限期間; 許可制	pt. Ⅰ–Ⅳ	vol.4
	淡水漁業法(1878年) 41&42 Vict. c. 39	釣り(淡水魚)に関する諸規定; 淡水魚の保護; 許可制; 禁漁期間(3月15日～6月15日)	ss.1–11	vol.4; (1)A
	淡水漁業法(1884年) 47&48 Vict. c. 11	1878年法の改正	ss.1–9	vol.4
狩猟の獲物 Game h)	夜間密猟法(1828年) 9 Geo.4, c. 69 〔再掲〕	夜間武装し、3人以上の徒党を組んで猟を行う者は7～14年の流刑	s.1	vol.4
	改正狩猟法(1831年) 1&2 Will. 4, c. 32	身分ないし財産による狩猟制限の廃止; 「狩猟の獲物」とされる鳥獣の種類(野兎、ヒースの獲物、黒雷鳥など); 禁猟期間及び日曜日における狩猟行為の禁止; 入会地の獲物を地主の所有物と規定	s.1–3, s.10	vol.4; (2)A
	夜間密猟法(1844年) 7&8 Vict. c. 29	夜間密猟の禁止	s.1	vol.4
	野兎法(1848年) 11&12 Vict. c. 29	許可証を持たない者の兎猟を禁止; 例外の諸規定	ss.1–2, s.4	vol.4
	狩猟許可法(1860年)23&24 Vict. c. 90	狩猟及び獲物売却の許可制に関する規定; ゲームキーパーの許可制	ss.7–8, ss.14–15	vol.4; (1)A
	窃盗法(1861年) 24&25 Vict. c. 96〔再掲〕	野生鳥獣保護区における兎猟	s.17	vol.4
	密猟防止法(1862年) 25&26 Vict. c. 114	「狩猟の獲物」とされる鳥獣の種類(野兎、ヒースの獲物、黒雷鳥など); コンスタブルが容疑者を取り調べる権限	ss.1–2	vol.4

	狩猟獣法(1880年) 43&44 Vict. c. 47	許可証の免除; 夜間の射撃及びバネ銃の禁止	s.4, s.6	vol.4
	歳入、友愛協会、国債法(1882年) 45&46 Vict. c.72	銃の不正使用に関する細則	s.6	vol.4
	関税及び内国歳入法(1883年) 46&47 Vict. c. 10	狩猟に関する許可期限の変更; 銃ライセンスの終了期限	ss.4-6	vol.4
	砂鶏保護法(1888年) 51&52 Vict. c. 55	砂鶏(さけい)猟の禁止	s.1	vol.4
	野兎保護法(1892年) 55&56 Vict. c. 8	3月から7月の期間の野兎の売却を禁止	s.2	vol.4
遊戯と賭博 Games and Gaming i)	不法な遊戯法(1541年) 33 Hen. 8, c.9	不法な遊戯を目的とする家屋の維持及び出入りの禁止; 治安判事は治安紊乱所を禁圧する権限をもつ; 労働者はクリスマスを除き、テニス、カードその他の不法な遊戯を行ってはならない	ss.8-11	vol.4
	富くじ禁止法(1698年) 10 Will. 3, c. 23	私的な富くじの所持及び印刷に対する刑罰	ss.2-3	vol.4
	富くじ法(1710年) 9 Anne, c.6	治安判事に一連の富くじを用意したり、印刷することを防止する権限を移管	s.57	vol.4
	富くじ法(1721年) 8 Geo.1, c.2	富くじによる土地や商品の競売を禁止	ss.36-37	vol.4
	富くじ法(1722年)9Geo.1, c.19	外国の富くじ販売を禁止	ss.4-5	vol.4
	不法な遊戯法(1728年) 2 Geo.2, c.28	治安判事に当事者が不法な遊戯を行わないという保証をとる権限を移管	s.9	vol.4
	富くじ法(1732年) 6 Geo.2, c.35	外国の富くじに対する刑罰を強化	s.29	vol.4
	賭博法(1738年) 12 Geo.2, c.28	「ラッフルズ」、「ハザード」、「ファラオ」などの遊戯を禁止	ss.1-2	vol.4
	賭博法(1739年) 13 Geo.2, c.19	「バックギャモン」を除く、「パッセージ」などのさいころを用いた遊戯を禁止	s.9	vol.4
	賭博法(1744年) 18 Geo.2, c.34	「ルーレット」、「ロリポリー」などカードやさいころを用いた遊戯の場を提供する者への刑罰	ss.1-2	vol.4
	治安紊乱所法(1751年) 25 Geo.2, c.36	ロンドン及びウェストミンスター、ないしその20マイル以内で無許可の興行を行う者への刑罰; 治安紊乱所の所有者に対する刑罰	ss.2-5	vol.4
	賭博法(1802年) 42 Geo.3, c.119	不法な遊戯ないし富くじの場所を提供した者、それらに関与した者への刑罰	ss.1-2	vol.4
	富くじ法(1823年) 4 Geo.4, c.60	富くじ券を売った者への刑罰	s.41	vol.4
	富くじ法(1836年) 6&7 Will.4, c.66	外国の富くじの広告を行った者への刑罰	s.1	vol.4
	競馬法(1840年) 3&4 Vict. c. 5	賭博法(1739年)の競馬に関する制限を廃止	s.1	vol.4
	賭博法(1845年) 8&9 Vict. c. 109	不法な遊戯法(1541年)の部分的廃止; 治安紊乱所所有者の刑罰; すべての賭事契約を無効とする; ビリヤード台の許可制; 競馬におけるスウィープステイクス(勝者が賭金の全額を受け取る)は富くじと同様に違法と規定	ss.1-4, ss.11-13, s.18	vol.4; (1)C
	美術家協会法(1846年) 9&10 Vict. c. 48	くじ引きによる絵画などの処分の分配に関して許可を得た団体の合法性	s.1	vol.4

	賭事法(1853年) 16&17 Vict. c. 119	賭事店で賭表や賭金を引き受ける旨の広告を出し営業する者への刑罰	s.7	vol.4; (2)B
	賭博場法(1854年) 17&18 Vict. c. 38	賭博場経営者への刑罰	s.4	vol.4
	許可法(1872年) 35&36 Vict. c. 94	賭事法(1853年) に違反した者への刑罰の改正	s.17	vol.4
	改正放浪者法(1873年) 36&37 Vict. c. 38	街路等の公けの場所で賭博を行う者への刑罰	s.3	vol.4
	賭事法(1874年) 37&38 Vict.c.15	賭事法(1853年) の改正; 賭事に関する広告の郵送を違法と規定	s.1, s.3	vol.4
	未成年者賭事及び貸付法(1892年) 55&56 Vict.c.4	賭事を勧誘するちらしを子供に郵送する行為を禁止	ss.1-2	vol.4
	賭博法(1892年) 55&56 Vict. c. 9	賭博法(1845年) が無効とした契約に基づく金銭の返金は無効	s.1	vol.4
公道 Highways j)	公道法(1835年) 5&6 Will. 4, c. 50	公道でのフットボール、牛追い、牛掛けの禁止; 公道での馬、馬車、自転車による危険な運転行為に対する刑罰	s.72, s.78	vol.5; (1)C, (2)C
	公道法(1864年) 27&28 Vict.c. 101	公道での家畜の徘徊に対する所有者の法的責任	s.25	vol.5
	改正公道及び交通法(1878年) 41&42 Vict. c. 77	地方行政に自転車の使用を統制する条例制定の権限を移管	s.26(5)	vol.5
休日 Holidays	銀行休日法(1871年) 34&35 Vict. c. 17	1年に4回の銀行休日 (全企業の休日化を促進)	sche-dule	vol.5
	休日増加法(1875年) 38&39 Vict. c.13	税関、保税倉庫、内国歳入事務所への休日の適用	s.1	vol.5
囲い込み Inclosure k)	入会地法 (1235年) 20 Hen. 3, c. 4	開発のための囲い込みの法的根拠となる諸規定: マナー領主は放牧利用に十分な牧草を残せば囲い込みを行ってもよい	s.1	vol.5
	入会地法(1285年) 13 Edw.1, st.1, c.46	マナー領主の囲い込み権を隣人にも認める諸規定	s.1	vol.5
	囲い込み法(1773年) 13 Geo. 3, c. 81	入会地とオープン・フィールドの運営に関する包括的諸規定	s.1	vol.5
	囲い込み法(1801年) 41 Geo. 3, c. 109	以前の個別の囲い込み法を集約するための諸規定	s.1	vol.5
	囲い込み法(1836年) 6&7 Will. 4, c. 115	囲い込みの促進のための諸規定; 都市に近いオープン・フィールドの保護	s.1, s.55	vol.5
	囲い込み法 (1845年) 8&9 Will. 4, c. 118	囲い込まれていない土地のレクリエーション用地としての保護	s.30	vol.5; (1)C, (2)C
	首都入会地法(1866年) 29&30 Vict. c. 122	首都に隣接する入会地の保護と管理に関する諸規定(首都警察管轄区域内の入会地の囲い込みを禁止)	ss.2-5	vol.5
	入会地法(1876年) 39&40 Vict. c. 56	入会地の統制と保護のための諸規定; レクリエーション用地の統制	pt. II (ss.21-33)	vol.5
	改正入会地法(1893年) 56&57 Vict. c. 57	入会地法(1235年)の廃止; 入会地の囲い込みについての諸規定(内務大臣の同意が必要)	s.2	vol.5

未成年者と子供 Infants and Children l)	子供危険行為法(1879年) 42&43 Vict. c. 34	雇用できない14歳以下の子供による危険な興行の禁止	s.3	vol.5
	未成年者賭事及び貸付法(1892年)55&56 Vict. c. 4〔再掲〕	賭事を勧誘するちらしを子供に送る行為を禁止	ss.1-2	vol.5
酩酊アルコール飲料 Intoxication Liquors	歳入法(1863年) 26&27 Vict. c. 33	舞踏場でのアルコール販売特別許可	s.20	vol.5
	許可法(1872) 35&36 Vict. c. 94	賭事法(1853年)が禁ずる不法な遊戯を許した者への刑罰; 定期市及び競馬場でのアルコール販売の特別許可	ss.17-18	vol.5
	内国歳入法(1880年) 43&44 Vict. c. 20	賭博法(1845年)によるビリヤード許可証における「課税アルコール類」からビールを除外	s.47	vol.5
地方自治体 Local Government m)	地方自治体委員会法(1871年) 34&35 Vict. c. 70	浴場及び洗濯場法(1846年及び1847年)や公衆衛生法(1848年)などに基づく権限を有する地方自治体委員会の設置	preface, ss.1-8	vol.7
	地方自治体法(1888年) 51&52 Vict. c. 41	つぎに関わる諸規則を定める権限: 音楽堂、劇場、舞踏場、競馬場の許可; 地方自治体に自転車を統制する規則を定める権限を移管	s.3,s.85	vol.7
	地方自治体法(1894年) 56&57 Vict. c. 73	教区委員会は次の法を適用する権限をもつ: 浴場及び洗濯場法(1846年)、社会改良法(1860年)など; 公衆衛生法(1875年)及び改正公衆衛生法(1890年)に基づくレクリエーション用地の提供に関する規則、自治体が入会地に関する届けを農業局に提出する権限をもつ; つぎの事柄に関する権限の移管: 狩猟の獲物の売却許可、定期市の廃止及び期間の変更、子供の保護; 休日に関する規則	ss.7-8, s.27, s.73	vol.7
市場と定期市 Markets and Fairs n)	市場及び定期市条項法(1847年) 10&11 Vict. c. 14	市場及び定期市に関する以前の諸規定を統合する法; 市及び定期市は日曜日に開催できない	s.1, s.14	vol.7
	首都定期市法(1868年) 31&32 Vict. c. 106	首都警察管轄区内で不法な定期市を開催しようとする者への刑罰及び賭博や遊戯に関わる諸設備の強制撤去	s.2	vol.7
	定期市法(1871年) 34&35 Vict. c. 12	内務大臣に娯楽目的の「不必要な」定期市を廃止する権限を移管	s.3	vol.7; (2)C
	定期市法(1873年) 36&37 Vict. c. 37	内務大臣に定期市の開催期間を変更する権限を移管	s.6	vol.7
首都ロンドン Metropolis	改正首都管理法(1856年) 19&20 Vict. c. 112, s.11	遊園地及びオープン・スペースの供給に関する諸規定	s.11	vol.8
	首都オープン・スペース法(1877年) 40&41 Vict. c. 35	首都委員会にオープン・スペースを確保し、維持する権限を移管	ss.1-3	vol.8
	改正首都管理及び建造物法(1878年) 41&42 Vict. c. 32	劇場及びミュージック・ホールの火災を防止するための諸規定	ss.11-13	vol.8
	首都労働委員会(諸権限)法(1882年) 45&46Vict. C. lvi	劇場の出口に関する基準; 刑罰	s.45, s.48	vol.8
	ロンドン地方議会(一般権限)法(1890年) 53&54 Vict. c. ccxliii	公園とオープン・スペースに関する条例を定めるための諸規定; ロンドン地方議会による条例	ss.14-21	vol.8

軍用地 Military Land	軍用地法(1892年)55&56 Vict. c. 43	内務大臣に砲術及び小銃射撃場、軍事教練を含む、土地の軍事利用に関する条例を制定する権限を移管	pt. II ss.14–18	vol.8
警察 Police o)	首都警察法(1839年) 2&3 Vict. c. 47〔再掲〕	禁じられた時間帯における定期市の開催に対する刑罰; 管轄区域内の行楽地におけるアルコール販売の禁止; 無許可の劇場公演などに対する刑罰; ライオン、熊、あなぐま、鶏、犬その他の動物による闘いないし動物掛けのための場所の提供を禁止; 動物を用いた大衆娯楽、犬の解放、街路での発砲、凧揚げなどに対する刑罰	s.38, s.44, s.46, s.47, s.54	vol.9
	地方警察条項法(1847年) 10&11 Vict. c. 89〔再掲〕	街路での犯罪(大衆娯楽、動物の調教、危険な乗馬、火器の使用、凧揚げなど)に対する刑罰	s.28	vol.9
	首都街路法(1867年) 30&31 Vict. c. 134	街路における賭事を禁止; 街路での犯罪(大衆娯楽、動物の調教、危険な乗馬、火器の使用、凧揚げ、そり滑りなど)に対する刑罰	s.23, s.54	vol.9
慣習 Prescription	慣習法(1832年) 2&3 Will. 4, c. 71	入会権の時効取得に関する諸規定(最低享受期間を30年とする)	s.1	vol.9
大衆娯楽 Public Enter-tainment p)	治安紊乱所法(1751年) 25 Geo. 2, c. 36〔再掲〕	ロンドン及びウェストミンスター、ないしその20マイル以内で音楽やダンスを含む無許可の興行(スケート場や行楽地の出店を含む)を行うことへの刑罰; 治安紊乱所の所有者に対する刑罰	ss.2–3	vol.9
	劇場法(1843年) 6&7 Vict. c. 68	劇場の許可制及び秩序維持などに関する諸規定	ss.1–24	vol.9
	大衆娯楽法(1875年) 38&39 Vict. c. 21	ロンドン及びウェストミンスターにおける大衆娯楽に関する諸規定	ss.1–3	vol.9
	競馬場許可法(1879年) 42&43 Vict. c. 18	ロンドン近郊の競馬場の許可制に関する諸規定	ss.1–8	vol.9; (1)C
	子供危険行為法(1879年) 42&43 Vict. c. 34〔再掲〕	雇用できない14歳以下の子供による危険な興行の禁止	s.3	vol.9
	音楽及び舞踊許可(ミドルセックス)法 57&58 Vict. c. 15	ミドルセックスにおけるミュージックホール及び舞踊場の許可制に関する諸規定	ss.1–2	vol.9
公衆衛生 Public Health q)	公衆衛生法(1875年) 38&39 Vict. c. 55	迷惑行為にあたる動物の飼育; 都市当局は公共遊歩道や遊び場、運動場といったオープン・スペースやレクリエーション用地の維持と充実のために公費を支出できる	s.91, s.164	vol.10; (2)A
	改正公衆衛生法(1890年) 53&54 Vict. c. 59	都市当局は射撃場からの危険を防止するための条例を制定する権限をもつ; レクリエーション用地の拡張と寄付に関する規定; ミュージック・ホール及び舞踏場に関する諸規定	s.38, s.45, s.51	vol.10
社会改良 Public Im-provement	都市改良条項法(1847年) 10&11 Vict. c. 34	委員会によるレクリエーション用地の購入; 労働者階級のための浴場の設置基準、料金その他の規定	s.135, ss.136–141	vol.10
	リクリエーション用地法 (1859年) 22 Vict. c. 27	いかなる土地も、成人のためのレクリエーション用地(運動場)、子供のための遊園地用地として被信託人に合法的に譲渡することができる	s.1	vol.10

	都市庭園保護法(1863年) 26&27 Vict. c. 13	シティ、行政区の庭園を保護するための諸規定; 条例による保護	ss.1-8	vol.10
	公園、学校、博物館法(1871年) 34&35 Vict. c. 13	公けの公園、学校、博物館用地の寄付に関する諸規定; 提供される土地の制限	ss.1-7	vol.10
	首都オープン・スペース法(1877年) 40&41 Vict. c. 35〔再掲〕	首都委員会にオープン・スペースを確保し、維持する権限を移管	ss.1-3	vol.10
	首都オープン・スペース法(1881年) 44&45 Vict. c. 34	地方行政当局にオープンスペースに関する権限を移管するための諸規定	ss.1-5	vol.10
	オープン・スペース法(1887年) 50&51 Vict. c. 32	首都オープンスペース法の諸規定をイングランド、ウェールズ、アイルランドに拡張するための規定	ss.1-14	vol.10
	オープン・スペース法(1890年) 53&54 Vict. c. 15	評議会によるオープンスペース運営による地方行政当局への権限の委譲	ss.1-4	vol.10
	博物館及び屋内運動場法(1891年) 54&55 Vict. c. 22	博物館及び屋内運動場の供給と維持を行う都市当局に関する諸規定	ss.1-15	vol.10
鉄道 Railways	鉄道統制法(1868年)31&32 Vict. c.119	プライズ・ファイトを目的とする鉄道列車を違法とする	s.21	vol.10
歳入 Revenue	関税及び内国歳入法(1869年) 32&33 Vict. c. 14	馬の所有に係る税金に関する諸規定	s.18	vol.11
	小銃許可法(1870年) 33&34 Vict. c. 57	小銃所持の年次許可税(10シリング); 税務官による許可登録; 無許可の銃使用の刑罰(狩猟時を含む); 改正狩猟法(1831年)違反の者の許可取消し; 許可証保持者が獲物の狩りを目的に日中の不法侵入の有罪となった場合は許可を取り消し	s.3, s.6, s.7, s.11, s.12	vol.11
	関税及び内国歳入法(1874年) 36&37 Vict. c. 16	馬の所有に係る税金の廃止	s.21	vol.11
船舶 Shipping r)	商船法(1894年) 57&58 Vict. c. 60	ボートにおける安全確保の義務	ss.427-	vol.11
日曜日（安息日） Sunday s)	主日遵守法(1625年) 1 Car. 1, c. 1	主日における熊掛け、牛掛けその他の不法なスポーツや遊戯の禁止	s.1	vol.11
	主日遵守法(1627年) 3 Car. 1, c. 2	主日における商品の輸送、牛の屠殺の禁止	s.1	vol.11
	安息日遵守法(1677年) 29 Car. 2, c. 7	日曜日と呼ばれる主日のより良い遵守のための諸規定（あらゆる労働の禁止）	ss.1-3	vol.11
	安息日遵守法(1781年) 21 Geo. 3, c. 49	通常、日曜日と呼ばれる主日の悪用及び冒涜を防止するための諸規定、大衆娯楽、治安紊乱所の営業に対する刑罰	s.1	vol.11
	安息日遵守起訴法(1871年) 34&35 Vict. c. 87	安息日遵守法(1677年)に反する犯罪の訴追に関する諸規定の改正	ss.1-4	vol.11
	刑罰免除法(1875年) 38&39 Vict. c. 80	安息日遵守法(1781年)の改正及び刑罰の免除に関する諸規定、刑事裁判所の刑罰免除の権限	s.1	vol.11
放浪者 Vagrant	改正放浪者法(1873年) 36&37 Vict. c. 38	街路や公道など屋外における賭事、賭博、偶然によるゲーム(ピッチ・アンド・トスを含む)の禁止	s.3	vol.12

注） 分類項目におけるアルファベットは表8との重複を示す。

出典：Joseph Chitty, *Statutes of practical utility, with notes and indexes,* 5th ed., Sweet & Maxwell:London, 1894; (1)A.Grayson(1994),(1)B.Beloff, Kerr and Detriou(1999),(1)C.McArdle(2000); (2)A.McIntosh(1963),(2)B.Mason(1988),(2)C.Malcolmson(1973).

3　制定法に基づくスポーツ関連諸規定

それではつぎに、表10で示した分類項目について、スポーツ史の観点から考察を加えていくことにする。ちなみに表8で示した分類項目は全部で一九だったが、*Chitty* の索引を用いて関連する制定法の抽出を試みた結果、分類項目は全部で三二となった。新たにつけ加えられたのは、「陸軍」、「破産」、「鳥」、「犬」、「休日」、「酩酊アルコール飲料」、「首都ロンドン」、「軍用地」、「慣習」、「社会改良」、「鉄道」、「歳入」、「放浪者」である。

次頁の表11は、表9で示した索引事項を関連分野ごとに整理し直すとともに、それぞれが該当する分類項目を列挙したものである。以下、関連分野ごとに見ていくことにしよう。

3．1　スポーツと娯楽

ここで抽出できた個別のスポーツや娯楽は、フィールド・スポーツ（狩猟、射撃、釣り）、アニマル・スポーツ（牛掛け、牛追い、熊掛け、あなぐま掛け、馬掛け、闘鶏など、生きた家畜を用いるスポーツ）、競馬、不法な遊戯（ハザード、富くじ、ピッチ・アンド・トス、ラッフルズ、ロリ・ポリー）、自転車、ビリヤード、ダンス、プライズ・ファイト、ボート、凧あげであった。

表11　表９で示した索引事項（関連分野）と分類項目の対応一覧

関連分野		索引事項	分類項目
1. スポーツと娯楽	フィールド・スポーツ	釣り(angling)	刑法、魚
		魚(fish)〔表8-g)〕	魚
		銃(gun)	狩猟の獲物、歳入、警察
		拳銃(pistol)	歳入、警察
		射撃(shooting)	刑法、警察
		野鳥(bird, wild)	鳥
		黒雷鳥(black game)	狩猟の獲物
		海鳥(sea birds)	鳥
		狩猟の獲物(game)〔表8-h)〕	狩猟の獲物、刑法
		獲物の販売業者(game dealers)	狩猟の獲物、地方自治体
		狩猟許可(game license)	狩猟の獲物、歳入
		ゲーム・キーパー(gamekeeper)	狩猟の獲物
		野兎(hares)	狩猟の獲物
		ヒースの獲物(heath game)	狩猟の獲物
		猟犬(hounds, pack of)	犬
		密猟(poaching)	刑法、狩猟の獲物、鳥、魚
		子犬(puppy)	犬
		狩猟家〔釣人を含む〕(sport)	狩猟の獲物、魚、歳入
	アニマル・スポーツ	動物(animals)〔表8-a)〕	動物、刑法、公道、警察、公衆衛生、鉄道
		動物虐待(animals, cruelty to)	動物、警察
		あなぐま(badger)	動物、警察
		動物掛け(baiting)	動物、警察、日曜日(安息日)、犬、公道
		熊(bear)	動物、警察
		鶏(cock)	動物、警察
		馬(horse)	動物、警察、公道、犬、歳入
		兎(rabits)	動物
	競馬	競馬(horse-racing)	遊戯と賭博、大衆娯楽、動物(投薬、鞭打ち)
		スウィープ・ステイクス(sweepstakes)	遊戯と賭博
	不法な遊戯	ハザード(hazard)	遊戯と賭博
		富くじ(lotteries)	遊戯と賭博
		ピッチ・アンド・トス(pitch and toss)	放浪者
		ラッフルズ(raffles)	遊戯と賭博
		ロリ・ポリー(roly-poly)	遊戯と賭博
	自転車	自転車(bicycle)	公道、地方自治体
	ビリヤード	ビリヤード(billiards)	遊戯と賭博、酩酊アルコール飲料
	ダンス	舞踏と音楽(dancing and music)	地方自治体、大衆娯楽、公衆衛生、陸軍
	プライズ・ファイト	プライズ・ファイト(prize fight)	刑法、鉄道、大衆娯楽
	ボート	ボート(boats)	船舶〔表8-r)〕
	凧あげ	凧(kite)	警察

関連分野		索引事項	分類項目
2. 場所と時間	場所	舞踏場(ball, public)	酩酊アルコール飲料、地方自治体、大衆娯楽
		浴場と洗濯場(baths and washhouses)〔表8-b)〕	浴場と洗濯場、地方自治体、社会改良
		入会地(common)	囲い込み、狩猟の獲物、慣習、地方自治体
		定期市(fair)	市場と定期市、地方自治体、酩酊アルコール飲料、警察
		屋内運動場(gymnasium)	浴場と洗濯場、社会改良
		公道(highway)〔表8-j)〕	公道
		囲い込み(inclosure)〔表8-k)〕	囲い込み
		オープン・フィールド(open field)	囲い込み
		オープン・スペース(open spaces)	公衆衛生、社会改良、首都ロンドン
		運動場(playground)	社会改良、地方自治体、公衆衛生、慈善事業
		遊び場(pleasure ground)	公衆衛生
		行楽地(public resort)	警察、大衆娯楽
		競馬会(race)	遊戯と賭博、酩酊アルコール飲料、大衆娯楽、地方自治体
		レクリエーション用地(recreation ground)	社会改良、囲い込み、地方自治体、公衆衛生、浴場と洗濯場
		小銃射撃場(rifle ranges)	軍用地
		屋内射撃場(shooting gallery)	公衆衛生
		スケート場(skating rink)	大衆娯楽
		プール(swimming baths)	浴場と洗濯場
		劇場(theatres)	大衆娯楽、地方自治体、首都ロンドン、警察
	時間	休日(holiday)	休日、地方自治体、工場と商店、日曜日(安息日)
		主日(Lord's day)	日曜日(安息日)
		日曜日;安息日(sunday)〔表8-s)〕	日曜日(安息日)、工場と商店、狩猟の獲物、市場と定期市
3. その他(上記以外の表8における分類項目)	c).慈善事業	慈善事業(charities)	慈善事業
	d).刑法	刑法(criminal law)	刑法
		傷害(bodily harm)	刑法
	e).教育	教育(education)	教育、工場と商店
	f).工場と商店	工場(factory)	工場と商店、教育、休日
	i).遊戯と賭博	遊戯と賭博(games and gaming)	遊戯と賭博、警察、刑法、市場と定期市、放浪者
		賭事(betting)	遊戯と賭博、酩酊アルコール飲料、未成年者と子供、警察、放浪者
		賭博(gambling)	破産、放浪者
	l).未成年者と子供	未成年者と子供(infants and children)	未成年者と子供、地方自治体
		危険な行為(dangerous performance)	未成年者と子供、大衆娯楽
	m).地方自治体	地方自治体(local government)	地方自治体
	n).市場と定期市	市場と定期市(markets and fairs)	市場と定期市、酩酊アルコール飲料、地方自治体
	o).警察	警察(police)	警察
	p).大衆娯楽	楽しみ(amusement)	大衆娯楽
		大衆娯楽(public entertainment)	大衆娯楽、警察、日曜日(安息日)
	q).公衆衛生	公衆衛生(public health)	公衆衛生、地方自治体

狩猟、射撃、釣りは、イングランドでは長い間ジェントルマン階級の排他的特権であり、それを持たない周辺住民については、獲物を殺す行為は「密猟」、また獲物の売買は「密売」に他ならなかった。その際の法的根拠となったのは一連の「狩猟の獲物」に関する制定法（狩猟獲物法 game laws）だったが、射撃に必要となる銃の所持に関する許可制や、釣りを正当化する漁業権に関しては、狩猟獲物法とは別に、「歳入」や「魚」の分類項目に掲載された制定法による規定が存在してもいた。11) また狩猟に用いる猟犬に関しては、飼犬許可法（一八六七年）や関税及び国内税収法（一八七八年）が、また、「狩猟の獲物」に関する刑罰については「警察」及び「刑法」に分類された制定法の存在を確認することができ

図26．19世紀前半の密猟者

た。

動物スポーツについては、先行研究においても一連の「動物虐待法」に関する言及は見られたが、それらを禁止する規定が、公道法（一八三五年）、首都警察法（一八三九年）、地方警察条項法（一八四七年）にも存在していたことは従来指摘されてこなかった点である。[12]

競馬は、生きた馬を用いるという点で動物スポーツに含めることも可能であるし（「動物」に関する諸規定との関わり）、場合によってはフィールド・スポーツに含めることも可能（馬の所有に関する「歳入」との関わり）であるが、ここでは、とくに「遊戯と賭博」に関わる点に留意したことから、独自に整理することにした。事実、ハギンズによる平地競馬に関する最近の研

図27．19世紀半ば頃の障害競馬

究でも、賭事の問題に焦点を当てた章が設けられており、賭博法（一八四五年）、及び賭事法（一八五三年）への言及もその中で見られていた。[13] ただし、一八四五年法が競馬における「スウィープ・ステイクス」を富くじと同等と見なし、違法と規定したことについては、その後の競馬の実施方法にも影響を及ぼした可能性があるにも関わらず言及されてはいなかった。なお、賭博については、ディクソンやクラプソンによる研究もある。[14] とくに後者は、改正放浪者（一八七三年）についてふれているが、いずれの研究でも、表10の「遊戯と賭博」で示した以上の制定法についてはふれられてはいなかった。

「不法な遊戯」を禁ずる規定そのものは、英国では中世末期以来見られたが、一九世紀まで効力を有していたのは、ヘンリー八世の治世に制定された不法な遊戯法（一五四一年）であり、

図28. 18世紀末のビリヤード

同法による「不法な遊戯」に関する規定であった。[15] 賭博法（一八四五年）に関して注目に値するのは、それまでとくに区別されていなかった遊戯の内容を「技術の遊戯」と「偶然の遊戯」に分け、前者を「不法な遊戯」の定義から除外した点にある。そのこともあり、表11では、「偶然による遊戯」に該当するものも「不法な遊戯」としてまとめている。[16]

ボートが、商船法（一八九四年）、そして乗馬や自転車が、公道法（一八三五年及び一八七八年）にそれぞれ関連する規定が見られたことはいわば当然のことだったかもしれない。ただし、ここでは自転車の規制に関する条例を地方自治体が制定する権限を認めた地方自治体法（一八八八年）の存在を示すことができた。[17] また、ビリヤードは賭博法（一八四五年）によって許可制が導入されたが、それに加え、内国歳

図29. 馬と初期の自転車（ホビー・ホース）

入法（一八八〇年）でも「酩酊アルコール飲料」との関連が認められた。

プライズ・ファイトは素手で行う拳闘試合であり、早くは治安紊乱所法（一七五一年）の成立以後、治安判事による禁圧が行われるようになったという指摘もある。[18] また、対人犯罪法（一八六一年）では「免責される殺人」の規定がより明確に規定された結果、そのことがスポーツ中の「暴力」に関する裁定にも影響を及ぼしたことが指摘されている。[19] さらに、プライズ・ファイトのための専用列車の運行を禁じた鉄道統制法（一八六八年）は、管見では、制定法を通じてプライズ・ファイトの違法性が示唆された唯一の事例といえるものであった。[20]

街路での凧あげを禁止するための刑罰は、地方警察条項法（一八四七年）で確認できた。もっとも、同様の行為は、首都街路法（一八六七年）にも記載されていたことから、首都警察の所轄区域でも違法だったことがわかる。

ダンスは「大衆娯楽」の分類項目に示された複数の制定法に加え、地方自治体法（一八八八年）や改正公衆衛生法（一八九〇年）にも関連する規定が見られた。ただし、多くは舞踏場や劇場といったダンスを行う場所の許可制に関する内容であり、その他にアルコール販売に関する規定もあった。

3．2　スポーツが実施される場所と時間

スポーツそのものに関する規定とともに、スポーツ史の観点からとくに重要と考えられるのが、スポーツが実施される場所と時間に関する規定であった。

まず、場所に関しては、「浴場と洗濯場」、「囲い込み」、「地方自治体」、「公衆衛生」、「社会改良」といった相互に関連し合った分類項目が注目に値する。マッキントッシュが指摘していたのは一八四六年の浴場及び洗濯場法だったが、一八四七年法はそれらの設置基準と使用料金に関する規定を定めており、一八七八年法は屋内プールもこの分類項目に含まれること、また施設管理に関する権限を地方自治体に移管することを定めていた。これは一八七一年の地方自治体委員会法が、上記の浴場及び洗濯場法と一八四八年の公衆衛生法に基づく権限を有する地方自治体委員会の設置を認めたことを前提とするものだったと考えられる。

都市におけるレクリエーション用地の供給に関しては、「社会改良」に分類された都市改良条項法（一八四七年）が各都市の委員会による用地購入の規定を定めており、まだ囲い込まれていない土地をレクリエーション用地として保護する規定を有した囲い込み法（一八四五年）を含め、娯楽用地に関する制定法が一八三六年の囲い込み法を別にすれば、いずれも一八四〇年代後半に集中していたことがわかる。

レクリエーション用地の歴史的重要性については、すでに平松による指摘が見られる。[21]

平松は、入会地及びオープンスペースが「運動やレクリエーションの慣習的権利に服する土地」というコモン・ロー上の基準に加え、一八三〇年代以降、産業革命後の都市問題の解決策として緑地のオープンスペース化が積極的に謳われたことを指摘しており、このことを背景に成立したいくつかの制定法について言及してもいる。ただし、屋内の運動場やプールの設置を促すことになった都市改良条項法（一八四七年）や公衆衛生法（一八四八年）、いわば専門的なスポーツ及び娯楽関連施設である舞踏場、行楽地、競馬場、スケート場、劇場などに関する規定を有した「大衆娯楽」に関わる制定法、そして首都警察法（一八三九年）、地方警察条項法（一八四七年）についてはふれていなかった。

なお、定期市がとくに民衆に貴重な娯楽機会の場であったことはレジャーに関する

図30. リージェンツ・パークのスケーター

社会史研究がすでにくりかえし主張してきたところである。とくに定期市を専門的に扱った川島の研究（一九八六年）は、定期市法（一八七一年）がイングランド及びウェールズの「不要な定期市」を廃止する権限を治安判事から内務省に移管する以前には、首都圏では首都警察法（一八三九年）が、また地方においてはおそらく地方警察条項法（一八四七年）が治安判事や警察による取締りの際の法的根拠となっていたことを指摘してもいた。[22]

小銃射撃場や教練場に関わる規定を有していたことから、表10では軍用地法（一八九二年）を挙げたが、*Chronological Table of the Statutes* によれば、同名の制定法は一八九七年と一九〇〇年にも施行されている。[23] また一八九二年法によれば、同法が廃止したのは、国防法（一八五九年）、志願兵法（一八六三年）、軍隊統制法（一八七一年）、砲術及び小銃射撃場法（一八八五年）、教練用地法（一八八六年）、兵舎法（一八九〇年）、射撃場法（一八九一年）に含まれていた諸規定であり、これらに関する詳細な検討は今後の課題といえよう。

つぎに時間に関わる分類項目についてであるが、関連する規定を確認できたのは「工場と商店」、「狩猟の獲物」、「休日」、「地方自治体」、「市場と定期市」、「日曜日（安息日）」という六つの分類項目に関わる制定法であった。

レジャーに関する一連の社会史研究では、一九世紀半ば以降の英国で見られたレジャー活動の展開と普及を促した背景として、とくに労働者階級の実質賃金の上昇と余暇時間の増大に注目が為されてきた。その意味で、年四回の銀行休日(バンク・ホリデー)を定めた銀行休日法（一八七一年）は、英国人が国民的規模でレジャーを楽しめるようになるための重要な規定だったといえる。[24] それというのも、イングランドでは安息日と同義である日曜日が、古くから労働のみならず娯楽についても、法的に禁じられた日であったという歴史的経緯があるからである。[25] そこから、「休日」とは逆に、「日曜日」に関する規定については、いずれもこの日のスポーツ及び娯楽を禁ずる内容であり、狩猟についても例外ではなかったのである（改正狩猟法（一八三一年））。

4　制定法に基づくスポーツ規制の広がり

表9で示した七九項目の索引事項に対し、それぞれ関連する分類項目を見てみると、単一の索引事項でも分類項目が複数にまたがっているものが少なくなかったことがわかる。

関連する分類項目として挙げたなかで最も多くの事項との関連が認められたのは「警察」であり、つぎが「地方自治体」であった。関連件数の多寡がただちに規定そのものの歴史的重要性を示すわけではもちろんないが、これらの分類項目で、とくに多くの関連規定を有していた首都警察法（一八三九年）及び地方警察条項法（一八四七年）、そして、地方自治体委員会法（一八七一年）、地方自治体法（一八八八年及び一八九四年）とその影響については、スポーツ史の観点から改めて検討を加える必要があるように思われる。

これ以外に多くの関連が示されたのは、「狩猟の獲物」、「遊戯と賭博」、「動物」、「大衆娯楽」、「刑法」、「公衆衛生」などの分類項目であり、先行研究でもすでに関連性が示されていたものだったが、本章では、いずれの項目においても、先行研究だけでは明らかにできなかった制定法の存在を示すことができた。

最後に、スポーツに関する「規制」（禁止や制限）を有したと考えられる分類項目についてふれておくことにしたい。

表10で示した分類項目のなかでも、とくにスポーツに直接関わる規制を有することが確認できたのは、つぎのとおりであった。

「動物」、「陸軍」、「鳥」、「刑法」、「犬」、「魚」、「狩猟の獲物」、「遊戯と賭博」、「公道」、「未成年者と子供」、「酩酊アルコール飲料」、「市場と定期市」、「首都ロンドン」、「警察」、「大衆娯楽」、「公衆衛生」、「鉄道」、「歳入」、「船舶」、「日曜日」、「放浪者」

以上のことから、一九世紀イングランドにおけるスポーツに関わる「規制」ないしはその違法性の中身を検討していくためには、少なくとも上記の項目に分類された制定法についての検討が必要となる。

結　章

―スポーツの近代化と刑法との歴史的関係について―

本書の目的は、スポーツの近代化過程に関する研究の一環として、一九世紀イングランドの制定法を手がかりとしてスポーツの近代化と刑法との歴史的関係を検討することにあった。

一九世紀のイングランド社会には、近代スポーツとその歴史的な先行形態である前近代的なスポーツがいまだ共存する状況が生まれていた。ところが、イングランド刑法がそういった前近代的なスポーツのなかに違法性を見出すことで、それらの合理化を促進させる役割をはたしていた、というのが従来の研究で指摘されていた点であった。しかしながら、一連の先行研究においては、とくに判例と権威的典籍に関心が集中した結果、一九世紀のイングランド法が制定法を通して規定していた前近代的なスポーツに対する違法性やその根拠、また、そのような制定法が成立に至った歴史的経緯などについての詳しい検討はなされてこなかった。そのため、本書では、とくに一八世紀後半から社会的にも批判が強まり、制定法を通してその違法性が明確に規定されることとなった動物闘技と公道でのスポーツ活動に注目するとともに、まずはこの問題と直接関わることになった動物虐待法と公道法のスポーツ史的意義についての検討を行った。そこから得られた新たな知見はつぎのとおりであった。

1　動物虐待法と公道法のスポーツ史的意義

1．1　動物闘技の違法性

動物闘技は動物虐待法が成立する以前にも治安判事らによる介入を受けていたが、そこでの違法性の根拠は、コモン・ロー上の生活妨害罪に求められていた。一八二二年には初めて「動物の権利」を認める畜獣虐待法が成立したが、動物闘技には一八二二年法を適用できないことが判明した結果、動物闘技を告発する場合はその後も引き続きコモン・ロー上の生活妨害罪に頼らざるを得なかったのである。しかしながら、コモン・ロー上の罪状をすべての動物闘技に適用することは事実上困難なことでもあった。

そんななか、動物闘技に関する英国議会における議論の動向が大きく変化し始めたのは一八三〇年以降のことであり、一八三二年に下院に提出された動物虐待法案は当初から動物闘技の違法性を明確に規定しようとする意図を有していた。この法案は議会を通過しなかったものの、そのことがきっかけとなり、下院は動物虐待法案の妥当性を調査するための特別委員会を召集した。その結果、委員会による調査の後、下院に提出された報告書では、動物闘技の取り締まりに対する現行法上の不備が指摘されることとなった。他方、翌年に成立する一八三三年法第二九条は、「（首都における）動物闘技」の違法性を初めて認めるものだったが、そこでの違法性の根拠は「風紀紊乱」に求められていた。また、この規定はピーズ議員とラム議員による提案に基づき、急遽法案に加えられたものでもあった。

さらにその二年後の一八三五年にピーズ議員が提出した動物虐待法案には、「動物虐待」を助長すること、また、周辺住民への「迷惑行為」及び「生活妨害」、そして当事者の「風紀紊乱」を根拠に動物闘技を違法とする内容の規定案が当初から含まれていたが、そこには動物闘技がコモン・ロー上の生活妨害罪によって告訴されていたことを示した一八三二年の特別委員会報告書と、首都警察の所轄区域内における動物闘技に「風紀紊乱」を認めた一八三三年法第二九条の影響を見て取ることができた。

図31．あなぐま掛け
ヘンリー・オルケン作、1825年

一八三五年の動物虐待法は、一八三三年法第二九条の規定に「動物虐待」、「迷惑行為」、「生活妨害」という三つの新たな違法性の根拠を追加するものだったが、元来、生活妨害罪はコモン・ロー上の罪状であったことから、一八三五年法はそれまで慣習法の適用を通して示されてきた動物闘技の違法性を、動物虐待法に基づく「動物虐待罪」の適用範囲を拡大することで明確に規定し直そうとするものだったといえる。また、そのことにより、英国議会は、動物スポーツを合法化するための一定の条件を提示したともいえる。それは当該スポーツから、上記四つの違法性の根拠となる要素を払拭することであり、また、「動物の福祉」に配慮することであった。しかしながら、一八三五年の動物虐待法において保護の対象とされた動物種のなかに、狩猟の獲物である野生動物はいまだ含まれてはいなかったのである。

1．2　公道でのスポーツ活動の違法性

一八三五年の公道法における当該規定とその立法過程の検討を通して明らかとなったのは、当初の規定案と比較すれば、公道でのスポーツ活動の違法性に関する規定がより限定的な内容に変化していたという点であった。

イングランドの公道に関する法を統合し修正するための法案が初めて議会に提出されたのは一八三一年のことだったが、当該規定はそもそも一八二二年の有料道路法第一二

一条の適用範囲を公道にも広げることを意図するものであった。そのため、一八三一年法案はコモン・ロー上の生活妨害罪を根拠に公道での「牛掛け、牛追い、フットボール、テニス、ファイヴズ、クリケットその他のゲーム」を禁止する規定案を有していたが、一八三三年議会における下院特別委員会は、そこから「フットボール、テニス、ファイヴズ、クリケットその他のゲーム」という文言の削除を求めた。最終的には「フットボールないしはその他のゲーム」という文言が復活するが、それは一八三五年議会における上院特別委員会の指示に基づくものであった。

結果として、イギリス議会は公道法第七二条を通して、公道におけるスポーツ活動の合法性を認めるための一定の条件を提示したといえる。それは、「生活妨害罪」に該当する要素を払拭し、「公道の通行権」を保証することであった。だがその一方で、公道法第七二条は当初の規定案から「テニス、ファイヴズ、クリケット」を削除していたのであり、公道でのスポーツ活動全般に対する規制としてはより限定的な内容にとどまるものだったといえる。

このように、法案の比較を通して明らかとなったのは、公道でのスポーツ活動に対する規制の内容が一八三一年から一八三五年の間に大きく変化していたということである。つまり、公道法に基づいて違法とされるスポーツ活動の内容はきわめて政治的な判断によって決せられたものだったのであり、規制の内容がより限定的なものに変化したのはまさにその結果にほかならなかったのである。上院特別委員会は規定案への「フットボールないしはその他のゲーム」の追加を求めたが、とくに下院特別委員会による修正要求はすべてのボール・ゲームをそこから削除するというものであった。そのため、公道法第七二条の内容は、公道での「テニス、ファイヴズ、クリケット」については言及せず、それらの近代化については猶予を与える結果となったのである。

1．3　まとめ

同時代の議会文書を用いて動物虐待法ならびに公道法における当該規定と先行法との歴史的関係、またそれらの立法過程を検討することから得られた知見をまとめると、以下のとおりとなろう。

一点目は、いずれの規定についても、それまではコモン・ロー上の罪状である生活妨害罪に求められていた前近代的なスポーツにおける違法性を、制定法を通してより明確に規定する意図が存在したことである。したがって、当該規定が一部の前近代的なスポーツに対する「規制」を意図したものだったことは明白であり、両規定案の立法化はそれまでの英国議会に見られた放任主義的な措置とは異なり、むしろ干渉主義的な措置だったと捉える必要がある。[1)]

二点目は、当該規定がともにアニマル・スポーツと公道でのスポーツ活動を合法化する上での一定の条件を提示していた点である。「生活妨害」に加え、前者においては「風紀紊乱」、「迷惑行為」とともに「動物の福祉」への配慮が、また後者においては「万人の通行権」への配慮が合法的スポーツとする上での要件として提示されていた。したがって、両規定は、かつてのイングランドにおいて見られたようなあからさまな「二重基準」を払拭するものであり、その意味では近代的な規定だったといえるだろう。[2)]

しかしながら、いずれの規定においても、同時代のイングランドにおける支配階級が主たる担い手だった狩猟とその獲物である野生動物、また、テニス、ファイヴズ、クリケットが規定の対象から意図的に除外されていたのであり、これらに対する「規制」は回避されてもいた。

したがって、スポーツの近代化と刑法との歴史的関係から見れば、上記二つの制定法に基づく規制については、従来の指摘どおり、スポーツの近代化を促す側面も認められたものの、特定のスポーツ活動の近代化についてはむしろ猶予を与えるものだったのであり、意図的に一部の前近代性を温存することでスポーツの近代化を停滞させる側面も有していたことが明らかとなった。その意味では、先行研究でも指摘されていたイングランドにおけるスポーツ規制ならびにその近代化の「不完全さ」は、じつは意図的かつ政治的な判断に因るものだったと考えられるのである。[3)]

2　制定法に基づくスポーツ規制の広がり

つぎに、一九世紀末に公刊された『チティの実用制定法集』第五版を用いて、一九世紀におけるスポーツ規制の広がりを検討した結果、つぎのことが明らかとなった。

同書が採用していた分類項目のなかで、とくにスポーツに直接関わる「規制」（禁止や制限）の存在を確認できたのは、以下のとおりであった。

「動物」、「陸軍」、「鳥」、「刑法」、「犬」、「魚」、「狩猟の獲物」、「遊戯と賭博」、「公道」、「未成年者と子供」、「酩酊アルコール飲料」、「市場と定期市」、「首都ロンドン」、「警察」、「大衆娯楽」、「公衆衛生」、「鉄道」、「歳入」、「船舶」、「日曜日」、「放浪者」

したがって、一九世紀イングランドにおけるスポーツに関わる法的規制の内容やそこでの違法性の根拠をより包括的に明らかにしていくためには、少なくとも上記項目に分類された制定法諸規定についても検討していくことが必要となる。また、その作業はスポーツの近代化と刑法との歴史的関係をより詳細に跡づける上でも重要な課題といえる。

第一章と第二章では、動物闘技と公道でのスポーツ活動に注目することで、それらの違法性を明確に規定した動物虐待法と公道法の立法過程を中心に検討を行った。その結果、ともに一八三五年に成立した両法が、前近代的なスポーツの合理化を促進させる要素に加え、意図的にその対象を限定的なものとしたことで、逆に近代化を停滞させる側面も有していたことが明らかとなった。第三章で明らかにしたように、前近代的なスポーツに対する「規制」を有した制定法は動物虐待法と公道法だけではなかったが、両法がいずれも一八三〇年に成立した自由党内閣のもとで成立した制定法だったということについてはとくに留意しておく必要があるように思われる。

なぜなら、制定法の特質から、そこには当然のことながら、個々に検討すべき政治的かつ歴史的な背景があったと考えられるからである。ともに一八三五年に成立した動物虐待法と公道法を、ときの自由党内閣による広義の「スポーツ行政」[4]の一環として捉え直すことにより、イングランドにおけるスポーツの近代化にはたした政治的なるものの影響を検討することも今後に残された重要な課題といえよう。

また、イングランド法の法源は制定法だけにとどまるものではないことから、それらの社会的な影響を検証するためには、個々の制定法が施行された後の諸判例についても引き続き検討していく必要がある。

つまり、スポーツに対する政治的なるものの介入と、それに対する人びとの意識のありようやその変化などに対する洞察をよりいっそう深めていくことが今後のスポーツ史研究における重要な課題であり、そのことが近代スポーツの歴史的再評価にもつながると思われるのである。

《補　遺》

1　一九世紀初頭ロンドンの闘犬文化複合

—一八三二年の下院特別委員会報告書を手がかりとして—

1．1 先行研究の検討と課題の設定

本稿の目的は、英国における動物スポーツ（アニマル・スポーツ）の近代化と刑法との歴史的関係に関する研究の一環として、一八三二年に公表された動物虐待法案（一八三二年）に関する英国下院議会特別委員会報告書[1]（以下、『報告書』とする）を手がかりにして、これまでほとんど明らかにされてこなかった一九世紀初頭のロンドンにおける闘犬試合について、とくにスポーツ文化複合[2]の概念を用いて検討することにある。

寒川は、一九九八年に刊行された『民族遊戯大事典』において、闘犬が日本のみならず、古代ローマ、中世以降のイギリスでも行われていたが、そこではとくに熊や牛に何頭かの犬をけしかける動物掛けが盛んであったこと、そして、英国では一八三五年に闘犬を含むその種の動物闘技が廃止されたことを指摘している。[3]

これに加え、筆者は一八三五年の「動物虐待法」が、じつは「動物虐待」だけでなく、「周辺住民への迷惑行為と生活妨害」、そして「風紀紊乱」をも動物闘技の違法性の根拠としていたことを指摘するとともに、下院議会が一八三二年に招集した特別委員会によ

る『報告書』の内容が一八三五年の「動物虐待法」の内容にも一定の影響を与えていたこと、また、そこではとくに同時代のロンドンで闘犬試合に直接関与していた当事者たちへの尋問もなされていたことを指摘した。[4] だとすれば、『報告書』の内容は同時代のロンドンにおける闘犬文化複合を検討するための一助となる可能性があるし、またその分析から、イングランドにおける動物スポーツの近代化と刑法との歴史的関係を読み解くための重要な知見が得られる可能性もあるように思われる。筆者による研究以外にも『報告書』の存在を指摘した先行研究がなかったわけではないが、管見ながら、スポーツ文化複合の概念を用いてその内容を詳しく検討した研究は認められないのが実情である。[5] そこで本稿では、『報告書』のなかでもとくに闘犬に直接関わる証言内容に注目することにより、一九世紀初頭ロンドンの闘犬文化複合について考察することにしたい。

1. 2　一八三二年の下院特別委員会報告書について

第一章で述べたように、動物虐待を防止するための新たな法案[6]〔以下、マッキノン法案とする〕がマッキノン下院議員によってイギリス下院議会に提出されたのは一八三二年四月一八日のことであった。この法案は同じ日に下院第一読会を通過し、公示されたが、そこには「動物虐待の助長」と「周辺住民への迷惑行為」を理由に、「もし何者かが熊ないし他の動物に犬をけしかけたり、闘犬が行われたりする家屋、部屋、闘技場その他の場所を維持すれば軽罪を犯し、五ポンド以下四〇シリング以下の罰金を科す」という規定案が含まれていた。マッキノン法案は翌月の五月二三日に下院第二読会を通過するが、その後に召集されたのが同法案に関する下院特別委員会であり、その目的は法案の内容の妥当性を調査することにあった。

五月三〇日に召集された特別委員会は、法案提出者であり、自ら委員長を務めたマッキノン議員を含む計一八名で構成され、『報告書』の序文によれば、その目的は「多くの気まぐれな動物虐待が行われ、それが物言わぬ動物への甚大かつ不必要な苦痛の増加と民衆の風紀紊乱を招いている」ことから、それらに関する尋問を行い、「残酷かつ不適切な動物のとり扱いをでき

図32．鼠殺しのビリー

るかぎり防止するための制定法が必要である」ことを示すことにあった。したがって、同委員会はこの問題に関する特別な制定法が必要だとする立場から調査を行ったものと考えられる。

『報告書』が公表されたのは一八三二年八月一日のことだったが、この問題に関する証人尋問が行われたのは同年六月一九日、六月二六日、七月四日の三日間であり、計一四名が証言台に立った。証言に応じた者の職業は荷物運搬人、動物虐待防止協会の関係者、警察官、医者に加え、動物闘技場の経営者と闘犬飼育家が含まれていた。また、尋問の内容は、主として①猫と犬に対する虐待、②闘犬や闘鶏などの動物闘技、③狂犬病に関する事柄に関するものであり、ほとんどの者が②の動物闘技に関わる質問を受けてもいた（第一章の表2を参照）。

1．3 『報告書』の内容

本稿の課題は、この『報告書』の内容から一九世紀初頭ロンドンにおける闘犬文化複合を検討することにあるのだが、その具体的な内容については、とくに六月二六日に行われた闘犬に直接関わる仕事に従事していたローチとヘミングズによる証言が注目に値する。なお、かれらの証言と初日に行われた警察官及びSPCAの関係者による証言との間には食い違いも認められたことから、ここでは両者の証言を併せて検討することとする。

（1）闘犬当事者の証言内容

ウェスト・スミスフィールドで動物闘技場を経営していたジョン・ローチは、そこを訪れる人びとが近隣の住民で、商人や職人であるとしながらも、闘犬に興味をもっている「スポーティング・ジェントルマン」と呼ばれる人びとがいて、かれらが闘技犬に高値をつけていることを認めていた。また、「そこを訪れる人びとが競馬場を訪れるような人びとか」、との質問に対しては、「ボクシング場に出入りする人びとと同様である」と答えていた。また、かれの所有する闘技場で罪人が逮捕されるようなことはまったくなかったし、そこが総じて秩序だった闘技場であるとの証言を行ってもいた。もう一人の証言者であるヘミングズが闘犬の飼育家であったことが示すように、当時の闘犬に関しては一定の「専門化」が見られたものと考えられる。ちなみに闘犬に使用される犬は通常はブル・ドッグだったが、「ブル・ドッグとテリアをかけ合わせればより闘犬に適した犬になる」とヘミングズは答えていた。

つぎに、闘犬の技術的な側面についてであるが、ローチによれば、「経営者が主催する試合は一週間に二回ずつ行われているが、大規模な試合は一年間に八ないしは一〇試合だった」という。また、「闘技犬は一ギニーから二〇ギニーの間の金額で取引きされるのが通常であるが、高額な闘技犬であっても、じっさいの試合数は一生をまっとうするまでに多くても七試合であり、二〇や三〇もの試合を闘うことはない」ということであった。その理由について、ヘミングズは「犬のつり合いを考えて試合を組んでいるからだ」と述べ、「試合にあたっては厳密な軽量が行われ、規定の範囲内でしか試合を組むことはない」と証言した。

そのさい、特別委員会のメンバーは、二人に対して闘犬試合が残酷な行為なのではないかとの質問をくりかえし行ったが、その点については二人とも明確に否定した。たとえば、試合後の闘技犬について聞かれたローチは、「試合直後には、闘技犬を温水の入った湯船に浸からせ、犬が欲しがれば牛肉のスープを与え、欲しがらなければ、少量のブランデーと水を与えてから牛肉のスープを与える」、また、「その後、清潔な藁を敷いた寝床につれていき、暖炉の前に横たわらせ、怪我の治療を行う」と述べている。

また試合では、「もしどちらかが闘おうとしなければその試合は不成立となり、すぐに連れ出されてコーナーに置かれる。スポンジで体を拭き、飲み物を与える。審判がいて、一分間の猶予が与えられる。その時間が過ぎてもなお、その闘技犬が闘おうとしなければ、負けが宣告され、ピットから出される」というルールに則って行われており、残酷な要素は存在しない、というのがかれらの主張であった。

また、闘技犬の訓練方法についてであるが、そこではときに「下剤と採血」も用いられるが、基本的には「野原に連れ出し、…そのあたりを走らせる。その後、家に連れて帰り餌を与える」という訓練が一ヶ月間行われるという。またヘミングズは、「試合で闘技犬が重大な負傷を負うことはなく、多少の傷を負っていたとしても、決して放ってはおかずに介抱する」、「そうしなければ自分が職を失うことになる」とも述べていた。

このように、同時代の闘犬文化に見られた「専門化」は、いわば「職業化」としての「専門化」であったが、それを支えていたのが闘技犬に高額な取引額をつけていた「スポーティング・ジェントルマン」の存在だったのであり、また、それ以外にも一回六ペンスの入場料を払って動物闘技場に出入りしていた観客の存在があった。

さらに、観客は賭事 betting を楽しんでもいたが、その額は一ファージング（四分の一ペンス）に過ぎず、そこに出入りする人びとにとっての闘技場の存在理由はもっぱら「幸運に頼る」ことにあったのだという。ただし、幸運にめぐりあえた人にとって、その価値は「一週間に一ギニーほど」のものとなったであろう、という。ヘミングズは、闘犬が「そこを訪れる人に大いなる楽しみ（sport）を与えているか」という質問に対し、「はい、他のスポーツと同じくらいに」と証言し、尋問を終えていた。

（2）警察官及びSPCA関係者の証言内容

闘犬に直接関わっていた者たちのこのような証言に対し、警察官やSPCAの関係者

図33. ウェストミンスター闘技場での闘犬試合

A Grand Match at the Westminster Pit,

FOR 100 GUINEAS,

By 2 DOGS of 43-lb. weight each,

THE PROPERTY OF TWO SPORTING NOBLEMEN.

One, that famous

WHITE BITCH OF PADDINGTON,

Whose wonderful performances are so well known to the Fancy to require no further comment—the other

A BRINDLE DOG OF CAMBRIDGE,

A remarkable and well known favorite, as his fame bears extensive proof—to fight from the scratch,

ON WEDNESDAY, 16th of JUNE, 1819,

at 6 o'clock in the evening precisely.—Doors open at half past 5.

図34. 1819年のウェストミンスター闘技場での闘犬試合の告示

100ギニーもの賞金が懸けられていたことがわかる。また、闘犬ファンがボクシング・ファンと同義の「ファンシー Fancy」と表現されている点は、『報告書』における闘犬関係者の証言を裏付けているようにも思う。

たちからは、闘犬試合はきわめて残酷であるだけでなく、近隣住民に対する生活妨害に該当し、風紀紊乱を生じさせているとの証言が得られていた。なかでも、もっとも大きな食い違いが見られたのが試合内容の残酷性に関する証言内容であった。

たとえば、初日に証言台に立ったSPCAの検査員だったユーウィンは、闘技場で日常的に行われていた闘犬試合が明らかに「動物虐待」にあたると証言した。

「わたしはかつてダック・レーンに住んでいたときにウェストミンスター闘技場に何度か行きました。三年前のことですが、ひどい虐待を目撃しました。そこでは両方の犬が死ぬ寸前まで何度も闘わされていました。犬たちは立ち上がれなくなるまで格闘し、目的を果たすために水の入った桶に浸けられ、再び闘うよう仕向けられました。同じように、あなぐまが引き裂かれるのも見ました。犬が咬みついた両脇、胸、頭部すべてに血のりが付き、いくつかの傷口はひどい状態でした。」

同じく初日の最初の証言台に立ったジョン・イースターブロック巡査も、「闘犬以上に残酷なものはない」と述べ、「闘技場には毎週不埒な人びとが集まり、一夜に三〜五頭の闘技犬が闘わされていること、また、そこが犯罪者の集うところにほかならず、レスペクタブルな人びとが集まるような場所とはとうてい言えない」と証言していた。

1．4 まとめ ―一九世紀初頭ロンドンの闘犬文化複合―

このように、『報告書』に収められた闘犬試合に関する証言内容には大きなくい違いも見られたが、それははたして証言者の立場や主義主張の違いにのみ起因するものだったのだろうか。筆者の考えは、じっさいにはそこで語られていた闘犬試合そのものにも違いが見られたのではないか、ということである。つまり、ジェントルマンが出資し、闘技場が主催する大掛かりな試合とそれ以外の日常的な試合である。また、そこには階層の混在性が認められ、そのことが同時代の人びとからの批判の一因にもなっていたように思われるのである。もし、試合がジェントルマンだけによるものであったなら、これほどあからさまな批判を受けることはなかったのではないだろうか。[7]

最後に、『報告書』の内容から同時代の闘犬文化複合をまとめると以下のとおりとなろう。

(1) 社会文化については、一八世紀に普及していた「パトロン・スポーツ」[8]という歴史的スポーツ形態との連続性が認められ、ルールの確立とパトロンを中心とする試合の「組織化」が保持されてはいたが、全国的な統轄団体に該当する組織は存在していなかった。

(2) 技術文化については、常設の闘技場、飼育家の職業化や良く知られた訓練法など、一定の「専門化」が進んでいた。

（3）精神文化については、「パトロン・スポーツ」の影響もあり、そこにはギャンブル・スポーツとしての側面が色濃く反映されていた。また、パトロンが出資する大規模な試合では一定の「合理化」も見られたが、それ以外の試合では著しい「残酷性」も認められた。

とくに、同時代のロンドンにおける闘犬試合を、質的には二つに分類できるのではないか、という点については、本稿でとりあげた『報告書』以外の資料も渉猟することにより、さらに詳しく検証していく必要があるように思われる。

2　懸賞拳闘試合の違法性をめぐって

2．1　問題の所在

一八世紀初頭からイングランドを中心にさかんに催されるようになった懸賞拳闘試合（プライズ・ファイト）prize-fighting は、ふたりの拳闘家が流血を覚悟で闘う荒々しいスポーツ・イベントであるが、試合そのものの残酷性のみならず、そこに集まる群衆の暴徒化や賭けに関する不正行為の蔓延といった問題から、つねに多くの批判を受けていた。一八世紀後半になると教区の治安判事らが直接試合に干渉するようになり、法的にも不法集会罪や治安破壊罪に問われるようになっていた。[1]このことから、それ以後に行われた懸賞拳闘試合は、当局からはつねに非合法な行為と見なされていたと考えられる。ところが、これまでのボクシング史研究では、試合に加わった者がじっさいにいかなる罪状をもって裁かれ、いかなる処罰を受けたのかという点について、かならずしも体系的な記述を行っていない。[2] 本稿の目的はそういった懸賞拳闘試合の違法性を当時の英国刑法との関わりから明らかにしようとするものである。その糸口を得るため、ここでは一八六〇年に『ロー・タイムズ』紙上に掲載されたある論説を紹介することにしたい。

2.2 とりあげる史料について

じっさいに史料を読む前に、あらかじめ留意しておかなければならない点について若干ふれておきたい。

最初に『ロー・タイムズ』という新聞そのものの性格についてであるが、同紙は法律と法律家に関する専門紙として一八四三年にロンドンで創刊されたもので、正式名は*The Law Times: the Journal and Record of the Law and Lawyers*といった。創刊号に掲げられた序文によれば、それは「大英帝国のいたるところで立法、ならびに司法にたずさわる多数の聡明で裕福な、そして重大な影響力をもつ階級の人びとにささげられ」、判事や裁判官らが相互にコミュニケーションをはかるうえでの「情報と媒体の収集装置」たるべく企画されたということである。[3] また、同紙の責任者は「『ロー・タイムズ』をできるだけ実務向けの刊行物にする」よう心がけたといわれている。つまり、同紙はあくまでもプロフェッションとしての法律関係者らの実益を第一に考えたものであり、その結果、講読者もまたおおむね支配階級に属する人びとに限られていたものと思われる。おもな内容はコモン・ロー裁判所[4]を中心とする裁判報告で、必要と思われる情報を「権威ある報告書が出される前に」より早く、そしてより正確に関係者へと伝えることに主眼がおかれていた。そのほかに批評部門が設けられており、序文によれば、その欄の執筆は多岐にわたる内容に即したそれぞれの分野で経験と学識を有する専門家たちにまかされたといわれている。ここで紹介する論説は、この批評部門に掲載されたものである。

つぎにここで取り上げる論説が書かれた経緯についてふれておこう。結論を先に言えば、これは同じ年の四月一七日に行われたトム・セイヤーズ対ジョン・C・ヒーナンの試合をきっかけにして沸き起こった懸賞拳闘試合に対する社会的反響のひとつであったと考えられる。セイヤーズとヒーナンによって行われた試合はボクシング史上とくに悪名の高い試合とされており、試合後のそれに対する論評は同紙のみならず『タイムズ』や『パンチ』といった同時代の新聞・雑誌をおおいに賑わせていた。カーペンターは、この試合における群衆の粗暴さやそれに対する警察の対応などについて下院議会でも議論がなされたことを指摘し、まさにこの試合がその後の懸賞拳闘試合の行く末を運命づけたとさえ述べている。[5] ここで取り上げる論説もまた懸賞拳闘試合に対しては批判的であり、それを法的にもはっきりと禁止すべきだという主張をもって書かれている。しかしそのさい、執筆者が過去の判例を丹念に参照しつつ議論を組み立てていることから、そのほかの感情的な論評とは一線を画しており、その意味でも本稿の主旨に適った史料であるといえよう。[6] それでは、つぎに同史料の全文を紹介することにしたい。なお、訳注は本稿の注と区別せず一括して最後に掲げたが、簡単な補足ないし説明は適宜本文中に〔 〕で挿入した。

2．3　史料の内容

「懸賞拳闘試合は適法なのか？」[7]

懸賞拳闘試合は犯罪なのか、それとも合法的な気晴らしなのか。つい先頃王座を掛けて行われた大試合によって、この問題にはつぎのような興味がつけ加えられた。それには国家の重大な諸原則が含まれているのであり、その原則とは、一国民はその安寧に関して国民の「道徳的なもの」morale に依存すべきなのか、あるいはすくなくとも部分的には国民の「肉体的なもの」physique に依存すべきなのかというものである。したがって、この問題の法律的な側面をある程度吟味しておくことは有益なことであるかもしれない。

たしかに懸賞拳闘試合は裁判官たちによって違法であると申し述べられてきた（おそ

らく、むしろ性急にそう仮定されてきたのではあるが)。ところが、権威ある見解を念入りに調べてみると、それらが曖昧で一定していないとの印象を受ける。一般に、『ブラックストーンの英法釈義』〔第四巻一七五九年〕の一八三ページでは、つぎのように規定されている。すなわち、「われらが祖先の好戦的な気晴らしであるティルト〔棚越しのジュースト〕やトーナメントは不法な行為であるから、それらの子孫として続いている拳術や剣術といった楽しみ事もまたそうである」と(『アーチボルトの刑事手続』ウェルズビー著、第一二版、五一二ページを参照せよ)。そしてこの見解に関しては、ふつう最近のパーキンズ訴追裁判〔一八三一年〕4C.&P 537、[8] ハーグレイヴ訴追裁判〔一八三一年〕5C.&P.170、マーフィー訴追裁判〔一八三三年〕6C.&P.103の判例が引用されている。〔さらに〕もっと早い時期のビリンガム訴追裁判〔一八二五年〕2C.&P.〔234〕の判例は、現行法の一般的な見解を含むものとして、おそらく最初に注目してよいものかもしれない。

そのさい、被告人は騒擾及び職務遂行中の治安判事D・ロジャースに対する暴行罪で起訴された。[9] ビリンガムとサヴィジとは正々堂々と闘うことで合意していたものと思われる。つまり、かれらはその目的でハグリーに近い場所で落ち合い、さらにこの拳闘試合を見るためにおよそ一千人もの人びとが集まったのである。ロジャース氏はそれを止めさせるよう命令を受け、そのためにほかの者といっしょにその場に駆けつけ、そして闘わぬようかれらを説得した。〔ところが〕被告人であるスキナーはふたりが闘うべきだと主張し、その結果スキナーとかれを逮捕しようとしたロジャース氏とのあいだで取っ組み合いが起こったのである。この事件は結局のところ、群衆の側での大騒ぎとそこからのスキナーの救出劇に終わった。バロウ判事はつぎのように述べている。

法的には、このような集会でひとりの者によっていかなることが為されようとも、その場に居合わせた者にはすべて同等の責任があり、そのことが人びとをたいそう注意深くさせるはずである。こういった拳闘試合がすべて違法であること、しかもいかなる裁判所もすべての試合を適法だとは見なし得ないこと、そしてそこにいるすべての陪審がそれらを有罪と為しえなくはないということについては疑問の余地がない。これは不法集会[10]であり、それに行く者はすべて罪を犯すのである。地方における迷惑行為はそれほどたいしたものではないが、ロンドンのすぐそばでは、これらの拳闘試合がもたらす犯罪の数はおびただしいものである。治安判事や警察官たちに対するわたしの忠告は、かれらがその地で試合が行われるという通報を得た場合、闘おうとしている者をあらかじめ保護し、その者たちを治安判事のところへ連れてこさせることであり、治安判事たるものはつぎの巡回裁判かあるいは裁判所が開廷する時期まで治安を維持するために、[11]かれらを強いて保護下におかなければならないということ、そしてもしかれらがそういった保護下に入ろうとしなければ、その者たちを監獄に収容すべきだということである。

パーキンズ訴追裁判〔一八三一年〕4C.&P.537においてもまた、起訴は騒擾及びロバート・コーテスに対する暴行罪を理由とするものであった。被告人であるパーキンズとロバート・コーテスとのあいだで懸賞拳闘試合が行われ、ウィークリーという名のもうひとりの被告人がパーキンズ被告のセコンドとしてかれを助けた。そしてほかにもうふたりの被告人がその場におり、試合のためにひとりは金を集め、もうひとりはリングのまわりを歩いて人びとを後方に下がらせていた。おびただしい数の人びとが集まり、そしてパーキンズ被告が最初に一撃を加えたものと思われる。パットソン判事は要約してこう述べた。

この事件では、おびただしい数の人びとがその機会に集まり、そして治安の破壊行為が生じたものと思われる。当事者らが治安破壊罪[12]を犯すことをもくろんでそこへ行ったことは明白である。懸賞拳闘試合が完全に違法であることは疑いない。じじつ、それは人びとがまさに致命的な武器を持って闘いに出てゆくようなものであり、どの当事者が最初の一撃を加えたかということはさして重要なことではない。被告人らはひとり残らず治安の破壊行為に加担していたことが立証されており、このようなときにその場に居合わせた者やこの事件でなんらかの役割を果たした者たちがすべて主犯者たちと同等に有罪であるということは疑いない。もし、これらの者たち全員が互いに殴り合う男たちを見ようと出かけてゆき、かれらがそれを行っているさいにその場に居合わせたなら、法的にかれらはすべて暴行罪にあたる。その行為に協力した者と闘った者とのあいだになんら区別はない。

〔だが〕被告人は暴行罪ではなく、騒擾罪の判決を言いわたされた。

ふつう法律は、ハーグレイヴ訴追裁判〔一八三一年〕、そしてまたマーフィー訴追裁判〔一八三三年〕でも同じ趣旨で定められた。すなわち、拳闘試合は一般的に違法であり、試合に臨む者やセコンドあるいはそれらに協力した者は皆主犯として有罪だということである。

たしかに、もし法律がこれらの判例によって適切に表現されていると考えられるのなら、違法とされるのは懸賞拳闘試合だけにとどまらず、これまで国の法によって無害とされ許容されていると見なされていた多くの娯楽もまたおそらく重大な刑事犯罪と見なされることになるであろう。ところが引用されたすべての判例では、学識ある裁判官がそうであると断言したそのとおりに法律そのものが宣言したというより、法律がそのように仮定していたということに注目すべきである。諸判例は Nisi Prius〔単独の判事による陪審裁判、あるいは巡回陪審裁判〕で下されたものであり、それらのなかのどの判例をとってみてもなんら権威あるものが引用されているわけではないのである。[13]

それでは懸賞拳闘試合はどうして違法なのか、またその罪名は何であるのか。ビリンガム訴追裁判〔一八二五年〕では、それは騒擾及び暴行罪として取り扱われた。パーキンズ訴追裁判〔一八三一年〕の場合もそうであった。したがって、それが闘争罪でないかぎりは、事実上そのどちらかであるようだ。ただし、闘争罪は公の場で為されなければならず、観衆の恐怖を招かなければならないのに対し、懸賞拳闘試合はたいていきまって私的な場所で行われ、「民衆の恐怖のなかで」行われるものではない。それゆえ懸賞拳闘試合は闘争罪ではない。

となれば、懸賞拳闘試合は騒擾罪と暴行罪のどちらかである。しかし、それは騒擾罪においてもまたこうである。

どの騒擾罪においても、現実の実力か暴力あるいはすくなくとも鎧兜の顕示、脅迫的な言葉使い、乱暴なしぐさといった当然人びとに恐怖心を抱かせるにふさわしいあきらかな傾向を有するいくつかの事情がなければならない、ということがはっきりと同意されているように思われる。なぜなら、あらゆる犯罪はどれもみな『民衆の恐怖のなかで』為されるものと定められているからである。…これらの原則に従えば、〔教区の祭りである」ウェイクやそのほかの祭りのときの集い、あるいは牛掛け、レスリングといったごく普通のスポーツや気晴らしを行うための集会は騒擾罪ではない。（1 Russ.Crimes,267.）[14]

また、騒擾罪は同じ権威書によってこのように定義づけられている。

すなわち、騒擾罪とは「意図された行為がそれ自体合法であろうとなかろうと、自分たち自身の判断をもって私的なたぐいのなんらかのくわだてを実行するのに、かれらに反対する者たちに対してたがいに当然助け合う意図をもった三人あるいはそれ以上の人びとが集まり、さらにそのあと実際に民衆の恐怖を招くような暴力的かつ乱暴なやり方で同じことを実行することから引き起こされる騒動的破壊行為のことであ

図35. コンウォール式のレスリング

る」と（1 Russ.266.）。

さて、かりに私的な場所でしずかにそして友好的に行われたセイヤーズ対ヒーナンの試合が、それでももし「民衆の恐怖のなかで」行われたものだといわれるようであれば、その試合は疑いもなく騒擾罪である。それはふたりの生徒が運動場でグラヴを着用して行う友好的な試合であってもまたそうである。かれらに反対しようとする何者かに対して抵抗しようとする意図は、パーキンズ訴追裁判やビリンガム訴追裁判で起こったか、あるいはそう思われた抵抗から、推定上は罪を負わしうるのである。だが、もしかりにその行為が「民衆の恐怖のなかで」行われていなかったのなら、抵抗に対してではなく、むしろその妨害が違法であったと仮定されるかもしれない。この問題もまた、警官がじっさいに抵抗されるかもしれなかったかどうかということではなく、かれらが干渉する権利を有しているか否かということになる。

この点については、ハント訴追裁判〔一八四五年〕1Cox Crim Cas,177[15]が注目に値する。そこでは、被告人らがひとつの件では騒擾罪で起訴され、そしてもうひとつの件では闘争罪で起訴された。証言によれば、そのふたりが最初に多数の群衆のなかで格闘していたのであり、ほかの者たちはそこに居合わせて手助けと扇動を行っていたという。さらに、かれらが格闘していた場所はどの公道からもそうとう離れていたし、警官が出動したさいに闘いは放棄されたということである。被告人らはそうするように求められ、そのさいおとなしくそれに従ったのである。

オルダーソン判事いわく、

「わたしにはこの者たちを取り締まるいかなる問題も存在しないように思われる。闘争罪に関しては、それがどこか公の場所で起こらなければならないし、これはいっさいの意図やもくろみそのものが私的なものである。また騒擾罪に関しては、法が認める権威に対してその罪を構成せしめるなんらかのたぐいの抵抗、つまりその場で治安を維持しなければならない警官らに反抗を企てるといったなんらかの試みが為されていなければならない。事件はつぎのこと以上にはなにもなかった。すなわち、ふたりは拳闘試合をすることを選び、ほかの者たちは眺めていた、そして警官がそこに現れるや当事者らはひとり残らずしずかに立ち去った、ということである。被告人たちは暴行罪のかどで起訴されうるが、それ以上のことはなにもない。」

もっとも著名な判事によって決定されたこの判例が法であるとすれば、懸賞拳闘試合は警宮が現実に干渉を加えるまでは適法なのである。あるいはまた、それが犯罪であるとされるのであれば、懸賞拳闘試合はわれわれが治安破壊罪と同等に受けとる暴行罪にあたるということになる。しかし、判例のこの側面はあらたな困難さを提示する。というのも、同意が得られているところではどうして暴行罪がありえるのだろうか。暴行罪とは、実力あるいは暴力によって、意志に反して他の者に肉体的な危害を加えようとする試みである。この「罪名の意味によれば」、ひるがえってそれは同意を得ていない行為なのである（クリストファーソン対バン訴訟裁判、17L.Q.B.109)。[16] また最近の判例では、敵意とか意図のない暴行罪はあり得ない、ということがはっきりと決定されているように思われる。（コワード対バットリイ訴訟裁判、28L.J.260.Ex.）[17]

だから、このようなものが懸賞拳闘試合に直接影響する法律に含まれた困難さである。審査されるときに権威あるいは原則によって支持されていないと思われる一定しない傍論[18]に基づいて、ときには騒擾罪ま

図36. イートン校のウォール・ゲーム

たあるときには暴行罪が言われている。しかし〔いずれにせよ〕この犯罪の主要な要件を欠いているのであり、それは確実性や首尾一貫性をもっているとはとても言い難いのである。もし懸賞拳闘試合が騒擾罪であるなら、学校で行われているごくふつうのゲーム（私的な運動場で行われるクリケット、ラウンダース、陣取り遊戯）がいかに等しく騒擾的でなく、また「民衆の恐怖のなかに」はないものかということを理解するのは容易でない。もしそれが殴打罪 battery かあるいは暴行罪であるなら、そのときには敵意のない両者かあるいは後者であるかもしれない。ラッセルがはっきりと適法だと述べているレスリングのみならず、ごくありふれたスポーツもまた同様にそうである。この問題がもし程度の問題であるなら、その程度についての法律がはたしてどこにあるのだろうか。また、グラヴを用いるボクシングを認め、グラヴなしのボクシングを禁ずる成文法なり不文法、そして素手の一撃が認められずに、フェンシングやシングル・スティック〔棒術〕が認められるという法律がいったいどこにあるのだろうか。結局のところ、もし学識高い裁判官による孤立した傍論が決定的なものであれば、懸賞拳闘試合は疑いもなく違法である。ところが、かりにわれわれが傍論を諸原則としかも権威と和解させようと試みたとしても、その望みには見込みがない。もし懸賞拳闘試合が違法であるならば、立法府によってそうであると宣明されるべきであろう。もしそうでなければ、われわれは以前の時代の粗野ではあるが男らしい荒々しさに代えて、おそらく現代の上品ぶった潔癖さだけを置き換えようとする裁判官判例法を恐れようではないか。

2．4　まとめと今後の課題

さて、同史料によって明らかになったことを要約するならばつぎのようである。まず、すくなくとも一八二五年から一八四五年までの判例を見るかぎり、懸賞拳闘試合がつねに違法とされていたことはまちがいない。ただし、個々の罪状についてはかならずしも統一されていたわけではなく、そのときの事情に応じて騒擾罪、暴行罪、闘争罪、あるいは不法集会罪といった件で起訴が為され、判決の段階では騒擾罪か暴行罪が適用されていた。つまり、いずれにしてもコモン・ロー上の罪状があてられていたのである。これは懸賞拳闘試合そのものを禁止する制定法が存在しなかったのだから、いわば当然のことではある。しかし、一八四五年のハント訴追裁判で下された判決を通じて、そこにあらたな法解釈上の問題点が浮かび上がることになった。すなわち、懸賞拳闘試合を取り締まる場合、騒擾罪にせよ暴行罪にせよ、厳密にそれらに該当する犯罪要件を完全には構成しにくいということがはっきりしてきたのである。こういった事態はそれを取り締まる側と組織する側とのいわば「いたちごっこ」の結果だったともいえるのだが、[19] 懸賞拳闘試合を法的に禁圧しようとするなら、もはや残された手だては立法府が制定法によってはっきりと懸賞拳闘試合そのものを禁止すること以外にない、というのがここでの結論であった。

このように、一八六〇年の時点では、懸賞拳闘試合に対してコモン・ロー上の罪状を適用する方法は法技術上の問題を抱えていたものと思われるが、英国の判例法がその後いかにしてこの問題に対処していったのかということについては、無論この史料だけでは明らかにすることができない。結局のところ、それ以後も、英国では懸賞拳闘試合そのものを禁止する制定法が施行されなかったため、この点を確認するためには、さらに一八六〇年以後の判例も検討していく必要がある。また、この史料ではじっさいに被告人らに科せられたであろう刑罰についてもまったくふれられていなかった。すくなくとも、暴行罪や不法集会といったコモン・ロー上の軽罪が下された場合には、罰金と禁錮の両者かあるいは一方が科せられたものと考えられるが、[20]それとて個々の事情に応じてかなりのひらきがあったに違いない。

最後に、ここで扱おうとした問題をとおして垣間見えるスポーツ史研究上の展望についてふれておきたい。ここでの視角はスポーツの「違法性」を法律の側面から検証しようというものであったが、それはじつは近代社会がスポーツを再編するにあたっていかなる要件をもってスポーツの「合法性」を規定していったのかという問題と表裏をなしている。すでに別稿で指摘しておいたように、前近代的な要素を依然として引きずっていたそれまでのスポーツや娯楽は、英国では一九世紀のあいだになんらかのかたちでの

「合理化」を迫られた。[21] だが、そのさいに法律はいかなる役割をはたしたのであろうか。つまり本稿の文脈で言えば、懸賞拳闘試合とその後の近代ボクシングとのあいだにはいかなる法的区別がなされたのかということである。かりに「違法性」（あるいは「合法性」）の規定要件が伝統的な娯楽・スポーツを近代化するさいのふるいのひとつとして機能したとすれば、近代スポーツの特質を解き明かすうえでも、このような視角はきわめて有効であるように思われる。[22]

〔註及び引用文献〕

序　章

1) 松井良明「懸賞拳闘試合の違法性をめぐって」、『スポーツ史研究』三、四七～五三ページ、一九九〇年（補遺2）、同上「懸賞拳闘試合と刑法―一八三〇年代のイギリスにおける二つの死亡事件を手掛かりにして―」、『体育の科学』四〇―一二、九七九～九八三ページ、一九九〇年、同上「懸賞拳闘試合と刑法―一九世紀イギリスにおける諸判例の検討を通して―」、『スポーツ史研究』四、四九～六一ページ、一九九一年、同上「ファイティングとボクシング―イギリスにおけるプロ・ボクシングの合法化をめぐって―」、『体育の科学』四四―八、六七六～六八一ページ、一九九四年、同上「コモン・ローとスポーツ―一九世紀イギリスにおける『不法な遊戯』と『合法的スポーツ』―」、『スポーツ史研究』八、一五～二二ページ、一九九五年、同上「スポーツと『理由ある殺人』―英国法における権威的典籍を手掛かりにして―」、『スポーツ史研究』一〇、一〇七～一一二ページ、一九九七年、同上『ボクシングはなぜ合法化されたのか―英国スポーツの近代史―』平凡社、二〇〇七年。

2) prize-fighting の訳語。近代ボクシングと懸賞拳闘試合との歴史的関係については、松井良明「ジェントルマン・アマチュアとボクサーたち」、川北稔・指昭博編著『周縁からのまなざし―もうひとつのイギリス近代―』山川出版社、二〇〇〇年、一〇八～一三三ページ、及び同上「ブラッディ・スポーツと〈名誉の観念〉―一九世紀イギリスにおけるボクシングの『改良』をめぐって―」、谷川稔他著『規範としての文化―文化統合の近代史―』ミネルヴァ書房、二〇〇三年、四六七～五〇二ページを参照。

3) excusable homicide の訳語。「理由ある殺人」という訳語もあてられる。適法な行為中に加害の意図なく誤って犯した殺人であり、刑罰が免除される殺人をいう。なお、この原則は当該行為が合法である場合にだけ適用される。田中英夫編『英米法辞典』東京大学出版会編、一九九一年、三一七ページ。

4) 松井「懸賞拳闘試合の違法性をめぐって」、五二ページ。

5) authority の訳語。先例、制定法、権威的典籍（books of authority）がこれにあたる。田中編、前掲書、八〇ページ、一〇七ページを参照。

6) 松井「懸賞拳闘試合と刑法」（一九九一年）、五八ページ、同上『ボクシングはなぜ合法化されたのか』、一九八～一九九ページ。

7) 松井「コモン・ローとスポーツ」、一八～一九ページ、同上書、二一六～二一七ページ。

8) 判例法主義が英米法の特徴の一つとされるのが、とくに個別の問題を検討する場合には制定法についても留意する必要がある。田中英夫『英米法総論』上下、東京大学出版会、一九八〇年、一五ページ、四七五ページ。

9) 松井、前掲書、二三一ページ。

10) Edward Grayson, *Sport and the Law*, 2nd ed., Butterworth, 1994, pp.40-41.

11) Michael Beloff, et al., *Sports Law*, Hart Publishing, 1999, p.36.

12) Robert W. Malcolmson, *Popular Recreations in English Society 1700-1850*, Cambridge University Press, 1973, p.124, pp.140-141, p.149（マーカムソン著、川島昭夫・沢辺浩一・中房敏朗・松井良明訳『英国社会の民衆娯楽』平凡社、一九九三年、二五四ページ、二八四ページ、三〇〇ページ）また、そのことが伝統的な民衆スポーツの禁圧に直接携わった「新警察」による取締りを支える法的根拠となったという指摘も見られる。Robert D. Storch, The Plague of the Blue Locusts : Police. Reform and

Popular Resistance in Northern England, 1840-57, *International Review of Social History*, 10, p.84, 1975, James Walvin, *English Urban Life 1776-1851*, Hutchinson, 1984, pp.122-137, Richard Holt, *Sport and the British: A Modern History*, Oxford University Press, 1989, p.38.

13) Grayson, *Sport and the Law*, 2nd ed., Simon Brooman and Debbie Legge, *Law relating to Animals*, Cavendish Publishing, 1997, Simon Gardiner, et al., *Sport Law*, 3rd ed., Cavendish Publishing, 2006.

14) Valerie Collins, *Recreation and the Law*, 2nd ed., Spon Press, 2001, p.9.

15) 戒能通厚編『現代イギリス法事典』新世社、二〇〇三年、三七七ページ。

16) 動物闘技（animal fighting）は「動物を生きたまま『楽しみ』に利用する」アニマル・スポーツの一種であり、歴史的には人類の家畜化以後に生まれた文化とされる。本書では、種類の異なる動物を掛け合わせる動物掛け（animal baiting）も動物闘技の一種と見なしている。寒川恒夫編『図説スポーツ史』朝倉書店、一九九一年、三五〜四一ページ。Tom Dunning, Animal Baiting, Levinson, David and Christensen, Karen（eds.）, *Encyclopedia of World Sport: From Ancient Times to the Present*, ABC-Clio, 1996, pp. 27-30.

17) Sir William Oldnall Russell, *A Treatise on Crimes and Misdemeanors*, 7th ed.（by William Feilden Craies and Leonard William Kershaw（eds.）, Stevens and Sons, 1909, vol.1, p.411, p.424. 松井「コモン・ローとスポーツ」、一六ページ、一六九ページ。

18) 同上書、三三ページ、一六ページ、同上、前掲書、二〇九ページ。

19) Malcolmson, *op.cit.*, p.124, pp.140-141（前掲訳書、二五四ページ、二八四ページ）.

20) Joseph Chitty, *Statutes of practical utility, with notes and indexes*, 5th ed., vols.1-16（by John Mounteney Lely）, Sweet & Maxwell, 1894.

第一章　動物虐待法（一八三五年）と動物闘技の違法性

1) ウィリアム四世の治世第五年から第六年の議会で制定された第五九号の意。一九六二年以前の英国における制定法にはすべてこのような法律番号が付されている。田中、前掲書、六七五ページ。

2) 松井「コモン・ローとスポーツ」、一五〜一六ページ、同上「スポーツと『理由ある殺人』」一〇七〜一一二ページ。

3) たとえばスポーツ法学者のガーディナーは、動物虐待法をイングランドにおけるスポーツに対する法的な「規制」の一つと捉えていた。Gardiner, et al., *op.cit.*, pp.119-120. なお、イングランドにおける近代的な動物保護法は一九一一年に成立した動物保護法（1&2 George 5, c. 27）で一応の完成を見るが、同法でも「野生の哺乳類」は保護対象とならなかった。Brooman and Legge, *op.cit.*, pp.43-47, p.325. 青木人志『動物の比較法文化—動物保護法の日欧比較—』有斐閣、二〇〇二年、四二〜四八ページ。また、社会史家のマーカムソンは、「動物の掛けあわせを含むあらゆるブラッド・スポーツが異論の余地なく違法であること」を確定した一八三五年の動物虐待法が、牛掛けや牛追いに反対する者たちに、それらを行った者を告発し、有罪に持ち込むための「強力な法的武器」、すなわち、「訴訟を起こすためのしっかりとした根拠を与えた」ことを指摘している。Malcolmson, *op.cit.*, p.124, pp.130-132（前掲訳書、二五四ページ、二八四ページ）. この点については以下の文献も参照。Douglas A. Reid, Beasts and brutes: popular blood sports c.1780-1860, Richard Holt（ed.）, *Sport and the working class in modern Britain*, Manchester University Press, 1990, p.16, p.21, Emma Griffin, *England's Revelry: A History of Popular Sports and Pastimes 1660-1830*, Oxford University Press, 2005, pp.233-234, p.241.

4) 「スポーツ法制史」の基本的な考え方については、稲垣正浩・谷釜了正編著『スポーツ史講義』大修館書店、一九九五年、一一ページを参照。

5) 戒能編、前掲書、三七七ページ。なお、具体的な史料名は以下の通りである。*The Statutes of England, 1823-1921*, 3rd ed., Butterworth, 1948-, *The Parliamentary History of England, from the Earliest Period to the Year 1803*, London（Johnson Reprint Company Ltd., 1966）〔以下、PHとする〕, *The Parliamentary Debates*（Hansard）, 1-3 Series, London（Kraus Reprint Co., 1969-70）〔以下、それぞれPD、PDN、PD 3rdとする〕, *The House of Lords Sessional Papers, 1806-1859*, Oceana Publications, INC, 1970〔以下、HLSPとする〕, *The British Parliamentary Papers, 1801-1852*, Irish University Press, 1968-1970〔以下、BPPとする〕, The House of Commons, *Journal of the House of Commons, vols.86-90*, H. M. Stationery Office, 1830-1835〔以下、JHCとする〕.

6) E. S. Turner, *All Heaven in a Rage*, Michael Joseph Ltd, 1964, p.110, Brian Harrison, Animals and the State in Nineteenth-century England, *English Historical Review*, 83, p.788, 1973, Malcolmson, *op.cit.*, p.124（前掲訳書、二五四ページ）, James Turner, *Reckoning with the Beast: Animals, Pain, and Humanity in the Victorian Mind*, The John Hopkins University Press, 1980 p.15（斎藤九一訳『動物への配慮―ヴィクトリア時代精神における動物・痛み・人間性―』法政大学出版局、一九九四年、二六ページ）, Brooman & Legge, *op.cit.*, p.41. 青木、前掲書、一三ページ。なお、アニマル・スポーツに対する禁令は一八世紀以前にも見られたし、とくに第一次内乱に始まる「三王国戦争期（ピューリタン革命期）（一六四二～一六五九年）にはアニマル・スポーツ全般が禁じられた。クロムウェルの政権が短命だったこともあり、この時期にアニマル・スポーツが失われることはなかったが、一八世紀後半から本格化する批判と攻撃は宗教・産業・公共秩序の各方面から後押しされたもので「動物愛護」の観点からの組織的な反対運動へと高められた。都市化と工業化の進展により、民衆の伝統的な娯楽・スポーツに見られた「集団化、攻撃・侵犯性、放縦、浮華、過剰さ、深酒大食、浪費、守旧性」は都市生活における社会規律と労働規律のリズムに敵対するものとして、台頭しつつあった中流階級だけでなく、権力者にとっても「恐れ・反感・敵意」の対象となりつつあったからである。動物愛護運動のみならず、一九世紀に見られた種々の社会改良運動の思想的基盤となったのが福音主義であったが、福音主義者たちの狙いもまた労働者階級に社会規律と勤勉さを訓育することにあった。この点については以下の複数文献を参照。Harrison, op.cit., p.788, Malcolmson, *op.cit.*, pp.89- 107（前掲訳書、一九二～二二四ページ）, James Walvin, *Leisure and Society :1830-1950*, Longman, 1978, p.10-11, 川島昭夫「一九世紀イギリスの都市と『合理的娯楽』」、中村賢二郎編『都市の社会史』ミネルヴァ書房、一九八三年、二九六～三〇二ページ、Keith Thomas, *Man and the natural world: Changing attitudes in England 1500-1800*, Allen Lane, 1983, p.149, p.159, p.160（キース・トマス著、山内監訳『人間と自然界―近代イギリスにおける自然観の変遷―』法政大学出版局、一九八九年、二二〇ページ、二三六ページ、二三八ページ）, J. M. Golby and A. W. Purdue, *The Civilisation of the Crowd: Popular Culture in England 1750-1900*, Batsford Academic and Educational, 1984, p.79, John Hargreaves, *Sport, Power and Culture: A Social and Historical Analysis of Popular Sports in Britain*, Polity Press, 1986, p.23, Peter Bailey, *Leisure and Class in Victorian England: Rational recreation and the contest for control, 1830-1885*, Methuen, 1987, p.31, Wray Vamplew, *Pay up and Play the Game: Professional sport in Britain, 1875-1914*, Cambridge University Press, 1988, pp.44-47, Richard Holt, *op.cit.*, pp.33-35.

7) E.S.Turner, *op.cit.*, p.131, Malcolmson, *op.cit.*, pp.89- 107（前掲訳書、一九二～二二四ページ）, Brooman & Legge, *op.cit.*, p.43. 青木、前掲書、二八ページ。

8) J. E. G. de Montmorency, State Protection of Animals at Home and Abroad, *The Law Quarterly Review*, vol.18, p.34, 1902, Harrison, op.cit., p.789, 青木、前掲書、三一ページ。

9) de Montmorency, op.cit., p.34, 青木、同上。

10) Malcolmson, *op.cit.*, p.124（前掲訳書、二五四ページ）, Brooman & Legge, *op.cit.*, pp.43-47, 青木、前掲書、二九～三〇ページ。

11) Sir William Pultney〔729-1808〕J.Turner, *op.cit.*, pp.15-17（前掲訳書、二六～二九ページ）.

12) *Ibid.*, p.15（同上訳書、二六ページ）.

13) PH, vol.35, colms.202-214. なお、英国議会における法案審議は両院とも読会 Reading 制（第一読会、第二読会、委員会、委員会報告、第三読会）を採用しており、法案が成立するためには両院ともにこの段階を通過する必要があった。

14) PH, vol.36, colms.829-54.

15) J.Turner, *op.cit.*, p.16（前掲訳書、二八ページ）. なお、Lord（Thomas）Erskine [1750-1823] は元大法官ならびに上院議長（一八〇六～〇七年）を務めた経験も有していた。Sir Leslie Stephen & Sir Sidney Lee, *The Dictionary of National Biography*, Oxford University Press, 1917, vol.6, pp.853-861〔以下、DNBとする〕.

16) PD, vol.14, colms.553-571, colms.804-808, colms.851-853, colms.989-990, colms. 1029-1032, colm.1071, vol.16, colms.726, colms.845-846, colms.880-884, colm.1017, J.Turner, *op.cit.*, pp.16-17（前掲訳書、二七～二九ページ）.

17) William Windham〔1750-1810〕は一七九四～一八〇一年まで軍務大臣、一八〇六～〇七年は軍務ならびに植民地大臣を務めたトーリーの大政治家であった。DNB, vol. 21, pp.643-646.

18) Malcolmson, *op.cit.*, p.124, p.153（前掲訳書、二五四ページ、三〇六～三〇七ページ）.

19) PH, vol. 35, colm.203.

20) Ibid., colm.207.

21) Malcolmson, *op.cit.*, pp.152-157（前掲訳書、三〇四～三一五ページ）, J.Turner, *op.cit.*, pp.20-28（前掲訳書、三五～五一ページ）.

22) Richard Martin〔1754-1834〕。マーチンはその後一八二四年に設立される「動物虐待防止協会（Society for the Prevention of Cruelty to Animals)」の創設時からのメンバーとなり、一八二六年に下院議員を失職するまでに合計七つの動物虐待関連法案を上程した。DNB, vol.12, pp.1177-1178.

23) PDN, vol.7, colms.758-759, colms.873-874, HLSP, vol.128, pp.243-246. 青木、前掲書、二六～二九ページ。

24) 第二条～第六条の内容については、青木、前掲書、二八ページを参照。

25) Bull-Baiting, Court of King's Bench., 3 Car. & P. c.225, pp.397-398, *The English Reports*, vol. CLXXII, Nisi Prius III containing Carrington and Payne 2-6, Stevens & Sons, 1928., cf. Malcolmson, *op.cit.*, p.124（前掲訳書、二五四ページ）.

26) William Alexander Mackinnon〔1789-1870〕。リミントン（ハンプシャ）選出の下院議員。一八二八年にSPCAの会員となり、一八三三年以降は副会長を務めた。一八三一年に初当選をはたしたが、一八三三年に実施された選挙法改正（一八三二年）後初めての総選挙で議席を失った。一八三五年一月の総選挙で政界に復帰し、一八五二年まで下院議員を務めた。現役の間はトーリー（保守党）に属したが、引退後、自由党に転じた。DNB, vol. 12, pp. 616-617.

27) JHC, vol.87, p.290, PD3rd, vol.12, colms.631-632.

28) BPP, 1832, vol.1, pp.441-453.

29) 『下院議事日誌』に記録されたこの時期の請願はつぎの通りである。メリルボン及びパディントンの住人による請願（一八三〇年一〇月一一日）JHC, vol.86, p.903. SPCA会員による請願（一八三二年一月二〇日）JHC, vol.87, p.40、「動物への合理的愛護推進協会」Association for Promoting Rational Humanity Towards the Animal Creation 会員による請願（同年五月九日）Ibid.,p.301、同上協会会員による請願（同年五月二四日）Ibid., p.337。

30) Report from the Committee on the Bill to consolidate and amend several Laws relating to the cruel and improper Treatment of Animals, and the Mischiefs arising from the driving of Cattle and to make other Provisions in regard thereto:' with The Minutes of Evidence. no.667, Ordered, by The House of Commons,

to be Printed, 1 August 1832, p.2〔以下、RCとする〕.

31) ①〜③に関し、報告書ではつぎのような観点から現行法の不備が示されていた。猫の毛皮を生きたまま剥ぎ取る行為は窃盗罪で起訴することも可能だったが、それが持ち主によるものである場合、窃盗罪は適用できなかった（イースターブロックの証言）。また、犬に荷車を引かせることやそれへの殴打、狂犬病の問題については、一八二二年法の対象に犬が含まれていなかったことから、現行法では対処しえないとされた（バトラーの証言）。なお、闘犬試合が犬への虐待に当たるとの証言も得られていたが、公式試合についてはとくに虐待とはいえないとの証言もあった。また、狂犬病についても、闘犬試合がその伝染を拡大する可能性が示唆されたものの、その原因が街路を徘徊する野良犬にあるとの証言も得られていた（表3を参照）。

32) RC, p.15（No.240）.

33) 生活妨害罪 nuisances は不法行為の一類型で私的ニューサンスと公的ニューサンスに分けられる。前者は特定の私人の利益を不当に侵害するもので、後者は一般公衆が享受する共通の権利や公共財産の使用を不当に妨げ、一般に不便や損害を生じる行為をいう。いずれもそこで生じた損害への請求が認められた。田中編、前掲書、五九五〜五九六ページ。

34) RC, p.16（Nos.262-277）.

35) RC, p.31（Nos.617-622）.

36) A Bill for the more effectual Administration of Justice in the Office of a Justice of the Peace Offices established in the Metropolis, and for the more effectual Prevention of Depredations on the River Thames and its Vicinity, for Three Years, BPP, 1801-1852, 1833, vol.3, pp.191-248.

37) Joseph Pease〔1799-1872〕。ピーズは父親からストックトン&ダーリントン鉄道会社を引き継いだ実業家で、第一次選挙法改正直後の選挙（一八三三年）で当選した初のクェーカー教徒の下院議員であった。議会ではウィッグのグレイ内閣及びメルバーン[2nd Viscount Melbourne（William

Lamb[1779-1848]）内閣を支援し、種々の社会改良や政治改革に取り組んだ。DNB, vol.15, p.624.

38) JHC, vol.88, p.192, p.196, p.205, p.239, p.253, 1833.

39) PD 3rd, vol.17, colm.1067.

40) Hon. George Lamb〔1784-1834〕グレイ首相の後を引き継いで一八三四年に首相となった。メルバーン子爵の実弟で、バリスタ及び内務次官を経て一八一八年に初めて下院議員（ウエストミンスター選挙区）となった。その後、一度の落選を経て、一八二〇年から死去する一八三四年まで下院議員（ダンガーヴォン選挙区）を務めた。ちなみにラム下院議員は一八三二年に招集された「動物虐待法案」に関する下院特別委員会のメンバーでもあった。Michael Stenton, *Who's Who of British Members of Parliament, vol.1, 1832-1885: A Biographical Dictionary of the House of Commons.* The Harvester Press：Hassocks, 1976, pp.225-226.

41) PD 3rd, vol.17, colms.1068.

42) Ibid.

43) Ibid., colms.1068-1069.

44) Ibid., colm.1068.

45) Ibid.

46) Ibid., colm.1069.

47) JHC, vol.88, p.372, p.383, p.399, p.416, p.465, p.467, p.473, p.481, p.509, 1833.

48) 3&4 William4, c.19, s.29, The Statutes of England, vol.73, p.44.

49) マーカムソンは一八二二年の「有料道路法（3 George 4, c.126）」第一二一条が公共道路上での牛掛けを禁じる同時代で唯一の明解な法文だったとしているが、もとより同規定は動物闘技そのものの違法性を規定するものではなかった。Malcolmson, *op.cit.*, p. 124（前掲訳書、三六四ページ）.

50) これに先立ち、一八三四年に下院で見られた動向は以下の通り。動物の友協会 Animals' Friend

Society の会員ならびにメリルボンの住人からの動物保護を促進する法を求める請願（四月一六日）、ＳＰＣＡ会員からの「より効果的な動物保護法」を求める請願（五月一三日）、スタンフォードの住人からの「残酷」で「非人間的」な動物闘技を禁止する法を求める請願（六月三〇日）、「動物虐待」に関する法を統合し、改正するための法案の議員提出動議とその取り下げ（七月一〇日）。JHC, vol.89, p.188, p.284, p.443, p.479, 1834.

51) 一八三四年一一月にウィリアム四世がメルバーン首相を解任したのを受け、同年一二月一〇日にはトーリーのピット内閣が成立していたが、トーリーは一月の総選挙で十分な議席を獲得できずウィッグ及び急進派に敗北した。その結果、同年四月一八日にピール内閣は総辞職し、直後に第二次メルバーン内閣（一八三五〜一八四一年）が誕生することとなった。

52) PD 3rd, vol.29, colms.537-538, vol.30, colm.1122, colm.1243, colm.1447, JHC, vol.90, p.166, p.249, p.321, pp.449-450, p.499, p.572, p.576, p.629, 1835.

53) E.S.Turner, *op.cit.*, p.148. 七月一四日の下院委員会の審査において、ピーズは下層民の娯楽を奪うことが同法案の本意ではないことを強調してもいた。また、この時に聞かれた反対意見としては、猫も保護対象とすべきである（ジブソープ議員）、検査員の権限が過大である、また上流階級の狩猟、射撃、釣りには触れずに下層階級の娯楽のみを侵害するものである（リドリー議員）、検査員に対する費用が高くつく（ウッド議員）、努力に比して期待される効果は薄い（ポーリング議員）があり、賛成意見としては、複数の制定法を首尾よく統合するものだ（ウィルクス議員）、同法案は文明化を推し進めるものだ（ブラザートン議員）、とするものがあった。PD 3rd, vol.29, colms.537-538.

54) A Bill to consolidate and amend the several Laws relating to the cruel and improper Treatment of Animals, and the Mischiefs arising from the Driving of Cattle, and to make other Provisions in regard thereto, s.11, BPP, 1801-1852, 1835, vol.2, pp.93-106.

55) 5&6 William 4, c.59, s.3, The Statutes of England, vol.75, pp.275-276. なお、同規定は法案段階では第一

一条に収められており、四〇シリング以上の罰金とされていた。また、一八三五年法の第四条以下の内容については青木、前掲書、三二〜三四ページを参照。

56) 英国における動物闘技の違法性はその後も「動物保護法」によって規定され続け、適用範囲が拡大されていくことになる。「動物虐待（アイルランド）法」（一八三七年）[7 William 4 & Victoria, c.66]、「改正動物虐待法」（一八四九年）[12 & 13 Victoria, c.92]、「動物虐待（スコットランド）法」（一八五〇年）[13 & 14 Victoria, c.92]を参照。また青木は、フランスでは「地方の伝統が途切れず続いている」ことを条件に闘牛と闘鶏が動物保護法の処罰対象から除外されていることを指摘している。青木、前掲書、一〇七〜一一九ページ。

57) このことの背景として、一八三〇年に政権を獲得したウィッグによる議会改革（第一次選挙法改正）の断行と都市部の中流階級による政治的要求の高まりを指摘する研究者もいる。Holt, *op.cit.*, pp.33-35. 川北稔編『イギリス史』山川出版社、一九九八年、二七五〜二八四ページ、村岡健次・川北稔編著『イギリス近代史〔改訂版〕』ミネルヴァ書房、二〇〇三年、一三八〜一四九ページ。

第二章　公道法（一八三五年）と公道でのスポーツ活動の違法性

1) 「すべての人に通行する権利が認められている通路」であり水路も含む。田中編、前掲書、四一〇ページ。公共一般の使用に供されることから、一九三六年の幹線道路法（1 Edw.8 & 1 Geo.6,c.5）で政府に維持・管理費の支出が義務付けられた。ライス・バグウェル著、梶本元信訳『イギリスの交通―産業革命から民営化まで―』大学教育出版、二〇〇四年、八〇ページ。

2) 田中、前掲書、一五〜一六ページ。また、コリンズはとくにイングランドとウェールズでは娯楽やスポーツだけに関わる特別な法はほとんど存在せず、通常は既存の一般的な法が適用されていたことを指摘している。Collins, *op.cit.*, p.9.
3) イングランドにおける競技スポーツの組織化については、マッキントッシュ著、寺島善一他訳『現代社会とスポーツ』大修館書店、一九九一年、一七〇ページを参照。また、マーカムソンは民衆娯楽の実施場所についてこう述べている。「民衆にとっての競技場は、日常生活のなかにある素材―マーケット広場、一般街路、教会の境内、犂の入る前の囲い地、囲い込まれていない耕地―からなりたっていた」。Malcolmson, *op.cit.*, p.1（前掲訳書、一三～一四ページ）さらに一八世紀イングランドの地方都市におけるスポーツのための街路の利用と地方政府による取締りについてはGriffin, *op.cit.*, pp.98-113、イギリスにおける民俗フットボールの実施形態については中房敏朗「イギリスにおけるフォーク・ゲームの成立ちとその多様性に関する研究」、『スポーツ史研究』四、三三～四八ページ、一九九一年、民俗フットボールが行われていた歴史的空間とその変遷についてはベイル著、池田勝他訳『サッカースタジアムと都市』体育施設出版、一九九七年、二七～二九ページ、イギリスにおける現在の民俗フットボールの実施形態についてはライル著、吉田文久訳「勝者の誇り」、『スポーツ人類学研究』五、四一～五三ページ、二〇〇三年、所収、吉田文久「勝者の誇り」Winning a Ba'の補足―ロバート・レスリー氏への追加質問―」、『スポーツ人類学研究』六、七一～八三ページ、二〇〇四年を参照。
4) Vamplew, *op.cit.*, p.44, Holt, *op.cit.*, p.38, Ronald Hutton, *The Stations of the Sun : A History of the Ritual Year in Britain(Reissued)*, Oxford University Press, 2001, p.161, Michael C. Hall and Stephen J. Page, *The Geography of Tourism and Recreation : Environment, Place and Space(2nd ed.)*, Routledge, 2002, p.164. 一八三五年の公道法の実際上の影響について、マーカムソンは同法の成立以後、とくにリッチモンド、イースト・モウズリ、ハンプトン・ウィック、ハンプトン、キングストン・アポン・テムズ、サリー州の各都市におけるストリート・フットボールが実施されなくなったこと、現在も「昔ながらの」フットボールが実施されているアシュボーンでも一八六〇年から翌年にかけてフットボール

に対する批判が高まり、それ以後ゲームの実施場所が町の外に移されたこと、またトウィッケナムでは公道法成立以後、街路におけるフットボールが禁止された事例を紹介している。Malcolmson, *op.cit.*, pp.140-143（前掲訳書、二八四〜二九一ページ）. また、ホルトは公道法の成立が粗野な民衆文化への批判と相俟って警察に対して街路で行われるゲームの規制が求められた結果、公道の規制が警官の日常的な業務と化したこと、具体的には公道で行われる競走や競歩、またそれらに対する賭事の取締りにも目を光らせるようになったことを指摘している。Holt, *op.cit.*, p.38, p.349. さらにマクアードルは、公道法が一八七〇年代から一八八〇年代にかけてより「文明化」された形態のフットボール、すなわちサッカーへの労働者階級の参加を促す土台となったとする一歩踏み込んだ見解を示してもいる。David McArdle, *From Boot Money to Bosman : Footbal l, Society and The Law*, Cavendish Publishing, 2000, p.15. なお、一八三五年の公道法における当該規定は一九五九年の公道法〔7 & 8 Elizabeth 2, c. 25〕によって大半が廃止された。The Stationary Office, *Chronological Table of the Statutes*, The Stationary Office, 2003, p.334.

5) Malsolmson, *op.cit.*, pp.140-141（前掲訳書、二八四ページ）, Guy Osborn, Football's Legal Legacy: Recreation, Protest and Disorder, Steve Greenfield and Guy Osborn（eds.）, *Law and Sport in Contemporary Society*, Frank Cass, 2000, p.59. なお、生活妨害罪（nuisance）は不法行為の一類型で私的ニューサンスと公的ニューサンスに分けられる。前者は特定の私人の利益を不当に侵害することであり、後者は一般公衆が享受する共通の権利や公共財産の使用を不当に妨げ、一般に不便や損害を生じる行為をいう。いずれもその行為で生じた損害への請求が認められるが、コモン・ロー上の生活妨害は、制定法に基づいてニューサンスに該当するとされるものとは区別され、nuisance at lawあるいはnuisance per seと呼ばれた。また、騒擾罪（riot）は治安破壊罪の一つであり、三人以上の者がある目的を達成するため、対立する者に対抗して相互に援助を与える意思で集合し、その目的を暴力的に実現して人々に恐怖感を与え、平穏を乱す犯罪をいう。田中編、前掲書、五九五〜五九六ページ、七三八ページ。

6) 英国におけるスポーツの近代化と刑法の関係に着目した研究として、スポーツ史の領域では松井による前掲論文（一九九一年、一九九四年、一九九五年、一九九七年）があるが、制定法についてはほとんどふれられていない。スポーツ法学の領域では、英国におけるスポーツと法の全般的な関係を扱うGrayson, *op.cit.*, Beloff et al., *op.cit.*, Gardiner et al., *op.cit.* を参照したが、いずれも公道法に関する言及は認められなかった。また、レジャー史に関する研究では、マーカムソン、ヴァンプリュー、ホルト以外にも以下の文献を参照したが、いずれも公道法への言及は認められなかった。Bailey, *op.cit.*, Walvin, *Leisure and Society*, Hugh Cunningham, *Leisure in the Industrial Revolution*, St. Martin's Press, 1980. さらに交通史の領域でも、公道法の成立過程に関する詳細な記述は見られなかった。バグウェル、前掲訳書。管見では、一八三五年の公道法に関するもっとも詳しい記述はマーカムソンによるもので、同法にフットボールに関する言及があり、その内容は「公道のいかなる部分においても、フットボールやその他のなんらかのゲームを」行い、「通行に支障を与えた」場合に四〇シリング以下の罰金を規定し、その結果、以後の訴追に対して確実な法的根拠を与えた、とするものであった。Malcolmson, *op.cit.*, pp.140-141（前掲訳書、二八四ページ）.

7) 具体的な資料名は以下のとおりである。法令集 *The Statutes*, 3rd rev. ed., 1235-1948 , H. M. Stationery Office, 1950、本会議速記録 *The Parliamentary Debates (Hansard)* , 3rd Series , Klaus Reprint Co., 1969-1971（以下PDと略す）、下院議事日誌 *The Journals of the House of Commons*（以下JHCと略す）、上院議事日誌 *The Journals of House of Lords*（以下JHLと略す）、下院議会文書 *House of Commons Parliamentary Papers* , Chadwyck-Healey, 1980-1982（以下HCPPと略す）、上院議会文書 *House of Lords Sessional Papers* , *1806-1859*, Oceana Publications Inc., 1970（以下HLSPと略す）。

8) Short Titles Act 1896(59 & 60 Victoria, c. 14).

9) イングランドにおける現在の公道に関する法令の基礎は一九五九年の公道法（7&8 Elizabeth 2, c.25)

で確立されるが、それ以前の主たる法令が一八三五年から一八八五年までに成立した一連の制定法であった。一五五五年の公道法（2&3 Phillip 2 & Mary, c.8）により、道路の維持・管理は各教区民による封建地代のうちの賦役である労働地代としての一日八時間、年四日の強制労働、あるいはそれに代る教区税によって実施されるものと規定されたが、一八三五年の公道法はこの「法令による労働（statute labour）」を雇用労働に変更し、その責任を教区で選出される有給の「測量士 surveyor」に委ねることとし、複数の教区を統合して公道委員会（Joint Highway Boards）を組織することも許可した。バグウェル、前掲訳書、七六ページ、八〇ページ、Peter Kendrick, et al., *Roadwork : Theory and Practice (5th ed.)*, Elsevier Butterworth-Heinemann, 2004, p.4' Lord Mackay of Clashfern, *Halsbury's Laws of England (4th ed. 2004 reissue)*, Lexis Nexis, 2004, vol.21, para.15を参照。

10) Edward Berkley Portman〔1799-1888〕. 一八二三年から一八三二年まではドーセット選挙区、一八三二年一二月一二日から一八三三年三月まではメリルボン選挙区選出の下院議員を務めた。一八三七年には男爵の称号を獲得し、一八七三年に子爵となった。DNB, vol.16, p.199, Stenton, *op.cit.*, p.315.

11) ポートマンが指摘した「弊害」とは、当時の公道の管理制度に関わる問題であった。一つは、有用な一般道を封鎖する権限が二名の治安判事に委ねられていたために四季裁判所に訴えても命令の差し止めが困難だったこと、もう一つは、公道に係る費用の支出に関する不正の懸念であった。PD, vol.5, colms.1035-1036. なお英国交通史の知見によれば、英国では一八世紀に運河ならびに有料道路の整備が進んだが、一八三〇年後半以降には鉄道の登場により、馬車による長距離道路貨物輸送は急速に衰退していったとされる。しかし、鉄道の駅や蒸気船の港に通じるほとんどすべての道路や公道での交通量はむしろ増加しており、運送業者の荷馬車は鉄道の終着駅から農村の最終目的地へと小包が届けられる際の主要な手段であり続けていた。鉄道が通っていない地域ではそれが唯一の公共交通形態だったからである。たとえば、サザンプトンに搬入・搬出される商品の量は一七七〇年代から一八三〇年代初期にかけて二〇倍にも増加しており、一八三五年法が求められたことの背景には同時代のイギリスが直面していた未曾有の都市化と工業化の進展があったと考えられる。バグウェル、前掲書、六四～七三ページ。

12) 英国の法案審議は読会 Reading 制を採用しており、制定法が成立するには法案が両院のこの段階を通過する必要があった。また、公道法案の審議に多くの年月が費やされたのは、同法が英国の公道に関わる多くの制定法を統合しようとするもので、多くの議論や請願を伴ったからである（表4を参照）。同法が廃止した制定法は以下のとおりであった。「ロンドン及びウェストミンスターの乗物の過重積載法、一七一九年（6 George 1, c. 6)」（ロンドンに関する規定を除く）、「公道上の荷車法、一七四三年（18 George 2, c.33)」（ロンドンに関する規定を除く）、「公道法、一七五〇年（24 George 2, c. 43)」（ロンドンに関する規定を除く）、「公道交通法、一七五七年（30 George 2, c. 22)」（ロンドンに関する規定を除く）、「公道法、一七七三年（13 George 3, c. 78)」、「公道法、一七九四年（34 George 3, c. 64)」、「公道法、一七九四年（34 George 3, c. 74)」、「義勇軍法、一八〇二年（42 George 3, c. 90)」の一部、「法定義務法、一八〇四年（44 George 3, c. 52)」、「公道法、一八一四年（54 George 3, c. 109)」、「公道その他（イングランド）法、一八一五年（55 George 3, c.68)」。

13) Malcolmson, *op.cit.* pp.140-141（前掲訳書、二八四ページ）第三章を参照。

14) たとえば、公道法と同じ議会で成立した動物虐待法（5&6 William 4, c.59）第三条では、動物闘技を目的とする場所の提供に対して五ポンド以下一〇シリング以上の罰金を規定していた。また、一八三五年の公道法でも公道での乱暴な馬車の運転に対しては五ポンド以下（運転者が所有者である場合は一〇ポンド以下）の罰金を規定していた（第七八条）。

15) Malcolmson, *ibid*（同上）

16) この点については JHL, vol.67, p.569, 1835 からも確認できる。

17) 罰金の額が軽微だったのはこのためでもあったと考えられる。

18) 実際に施行された公道法第七二条には記載されていなかったものの、両院の議会文書に収められたすべての規定案には当該規定が有料道路法第一二一条に基づくものであることが明記されていた（出典については表6を参照）。ただし、一八二二年の有料道路法は一九八一年の「制定法（廃止）法（c. 19）」によって廃止されるまで効力を有し続けていた。The Stationary Office, *op.cit.*, p.296.

19) 公道法第七二条で言及された違法行為として、最後に明記されていたのはつぎのような文言だった。「何らかの方法で公道の自由な通行を故意に妨害する行為」（表5を参照）。また、民衆が固持した慣習的諸権利は私有財産権を楯にした「囲い込み運動」によっても侵食されていた。Malcolmson, *op.cit.*, pp.107-116（前掲訳書、二二四～二四〇ページ）

20) このことは公道での「テニス、ファイヴズ、クリケット」については一八三五年の公道法によって直ちに違法とは見なされなくなったことを意味するが、これら三つのボール・ゲームに対するその後の法的な対応については同法のみならずコモン・ローを通して為されていた可能性があり、さらに判例についても検証していく必要がある。なお、一八三五年の公道法は、同法が適用されない道路として有料道路、ロンドン市の所有する道水路、そして大学内の道水路等を挙げてもいた（第一一二～一一六条）。

21) 一八〇九年に上院に提出された家畜全般を虐待から保護することを意図した法案は、上院を通過したものの下院の委員会審査で否決されていた。同法案が成立していれば、動物闘技が違法と規定される可能性もあった。第一章を参照。

第三章　一九世紀イングランドにおけるスポーツと制定法

1) 松井「コモン・ローとスポーツ」一五～一六ページ、及び同上「スポーツと『理由ある殺人』」、一〇七ページ。また、ボクシングの合法化については、松井「懸賞拳闘試合と刑法」（一九九一年）及び同上「ファイティングとボクシング」、Gunn and Ormerod, op.cit.、フットボールにおける免責については、Simon Gardiner, Tackling from Behind: Interventions on the Playing Field, *ibid.*, pp.104-104を参照。なお、イングランド法における「免責される殺人」については、「理由ある殺人」という訳語も当てられる。高柳・末延編、前掲書、一六七ページ、田中、前掲書、三一七ページ。

2) 「不法な遊戯法」については、松井良明「スポーツ社会史の射程―近世英国における弓術奨励と不法な遊戯をめぐって―」、近藤英男、稲垣正浩、高橋健夫編『新世紀スポーツ文化論』タイムス、二〇〇〇年、一六一～一八三ページ、「動物虐待法」については松井良明「失われた民衆娯楽―イギリスにおけるアニマル・スポーツの禁圧過程―」、有賀郁敏他著『スポーツ』ミネルヴァ書房、二〇〇二年、九九～一四三ページがある（これらはすべて松井『ボクシングはなぜ合法化されたのか』所収）。

3) 田中、前掲書、六六四ページ。

4) 過去の制定法を知るのに私的な法令集にたよらざるを得ないのは、一九世紀後半にいたるまで英国議会が法令集の刊行を直接行うことがなかったためである。田中、前掲書、八〇九～八一〇ページ。

5) 『オックスフォード法事典（David M. Walker, *The Oxford Companion to Law*, Clarendon Press, 1980)』によれば、本法令集の初版は一八二九年に刊行されており、その後も版を重ね、一九四〇年代まで継続して刊行された。同書の最大の特徴は、刑法、民法、商法などによる区別なく、版ごとに出版年直前までの「現行法」について、その対象とする分類項目別にその時点で有効な制定法をすべて収録することで実務者に益する体裁をとっていた点にある。なお、Joseph Chitty（1776-1841）はMiddle Templeに入学後、ロンドンを中心とする巡回裁判区の訴答作成専門弁護士（special pleader）として活躍した後、一八一六年にthe Bar（法曹団）に迎えられたバリスタ（Barrister）で、『実用制定法集』の刊行以外にも、為替手形法、国際法、刑法、商法、判例法に関する仕事を行っている。ちなみにハーバード大学図書館ではハスベリーの法令集とともに、チティの『実用制定法集』第四版（一八八〇年）が英国における過去の制定法を知るさいの代表的な資料として紹介されているが、同書で扱われている制定法が一八八〇年までに限定されること、また、同書第五版が国立国会図書館に所蔵されていることから、本章では第五版を用いることにした。

6) A: Grayson, *Sport and the law*, 2nd ed., B: Beloff, et al., *op.cit.*, C: McArdle, *op.cit.* なお、グレイソンについては 3rd ed, Butterworth & Co. Ltd., 2000 も参照したが、同版では「公益ユース法（一六〇一年）」、「騒擾損害賠償法（一八八六年）」、「証人（公共調査）保護法（一八九二年）」の記載がなかったことから、本章では 2nd ed（1994）に依拠することにした。

7) A: Peter C. McIntosh, *Sport and Society*, C. A. Watts & Co., 1963（ピーター・マッキントッシュ著、石川旦・竹田清彦訳『スポーツと社会』不昧堂、一九七〇年）, B: Tony Mason, *Sport in Britain*, Faber and Faber, 1988（トニー・メイソン著、松村高夫・山内文明訳『英国スポーツの文化』同文舘、一九九一年）, C: Malcolmson, *op.cit.*（マーカムソン、前掲訳書）.

8) Beloff et al., *op.cit.*, p.106。なお、フィールド・スポーツが「ゲームの最後に勝者が明確になる競技スポーツ」には該当しないとする同書の見解については再考の余地があるかもしれない。というのも、一八世紀以降、猟銃の性能が向上して狩猟の形態が変化し、獲物を大量に捕獲してその数を競う競技化が進んでもいたからである。川島昭夫「狩猟法と密猟」、村岡健次・鈴木利章・川北稔編『ジェントルマン―その周辺とイギリス近代―』ミネルヴァ書房、一九八七年、一六〇〜一六一ページ。また、釣りにも同様の傾向が見られた。飯田操『釣りとイギリス人』平凡社、一九九五年、一四六〜一五一ページ、及び John Lowerson, Angling, Tony Mason(ed.), *Sport in Britain: A Social History*, Cambridge University Press, 1989, pp. 27-32 を参照。英国におけるスポーツ活動に対し、制定法がそれほど大きな影響は及ぼしてこなかったという指摘もある。Beloff et al., *op.cit.*, p.36.

9) ここでとくに問題となるのは sportとrecreation の違いであろう。たとえば、マーカムソンは、同書の前書きで一七五五年に刊行されたサミュエル・ジョンソン（Samuel Johnson）の *A Dictionary of the English Language*（2 vols.: London）を引用し、こう述べている。「『娯楽 recreation』という語が何を意味するか〔中略〕、その定義については、『気散じ diversion』を、『スポート sport—憂いからひき離すことで心をなごませるもの』と言ってのけた Samuel Johnson に依拠すれば良い」（Malcolmson, *op.cit.*, p.4（前掲訳書、一八ページ））。すなわち、マーカムソンによれば、同時代の英国では、recreation , sport , diversion , pastime といった用語の間に明確な区別はなかったということである。また、マッキントッシュもこう述べている。「Sport はこのように多くの点で人間の生活に関わっている。それがあまりに多いために、スポーツ活動（sporting activity）を定義付けたり、限定することが困難なほどである。〔中略〕名詞としてのそれは、男性、女性、ゲーム（ないしは獲物）game、娯楽 pastime、追走 chase、狩猟 hunt、闘い fight、冗談 joke、あるいは植物の突然変異にすら使われている」（McIntosh, *op.cit.*, pp.10-11）。このように歴史的概念としての sportの意味が広範に及んだことから、recreation との境界も曖昧だったといわざるを得ない。（娯楽については Grayson(1994) p.111, ditto(2000) pp.206-207も参照。）だがメイソンは、歴史的な背景を踏まえながらも、同書で対象とした sport の意味を「近代的な競技スポーツ」に限定している。同書の「日本版への序文」において、かれはこう語っている。「日本語には本来、『スポーツ』にあたる言葉は存在しなかった。そこで他の諸国と同様に、英語の sport という言葉をとり入れて使用したのである。球技や、レスリング、ボクシングといった格闘技は、英国以外の多くの国の文化にも共通するものであったが、スポーツが体系化され組織化されたのは、一九世紀の英国においてであった。スポーツという言葉が、スポーツ活動をトランプやその他の娯楽から区別する近代的意味を帯びるようになったのは、やはり英国においてであった」。本章においても、recreation と sport の概念については上記三つの先行研究に依拠しているが、ほぼ同義語ともとれる両語を区別したのは、メイソンの指摘にもあるように、一九世紀の英国社会が、sport を recreation と区別し始める過渡期であった可能性があること、また本章においては狩猟に代表されるフィールド・スポーツやアニマル・スポーツを sport の概念に含めるのが妥当と判断したことによる。なお、英国では「体育」の原語である physical education が教科名として用いられるようになるまでは、同様の内容を示す physical training という用語が一般的だったという指摘があるが、これ以外にもphysical instruction , physical exercises , drill が同様に用いられていたという。Alan Penn, *Targeting Schools: Drill, Militarism and Imperialism*, Woburn Press, 1999, p.29。なお、体育史領域における概念史の蓄積については、岸野雄三『体育史―体育史学への試論―』大修館書店、一九七三年、二一〜五三ページ、朝比奈一男・水野忠文・岸野雄三編著『スポーツの科学的原理』大修館書店、一九七七年、八〇〜八四ページ、阿部生雄「Sportの概念史」、岸野雄三編著『体育史講義』大修館書店、一九八四年、一二〇〜一二五ページを参照。

10) H. M. Stationary office, *op.cit.* とくに制定法の略称については、「略称法」(一八九六年) c. 14によって公式に整理がなされたという経緯があり、本章では同資料による確認と略称の統一を行っている。

11) 釣りについては、飯田、前掲書、一六六〜一六九ページにも言及が見られるが、ここで紹介されている制定法は「鮭漁法(一八六一年)」のみであった。また川島、前掲論文は狩猟法を中心に歴史的な分析を行っており、釣りや射撃に関わる制定法についてはふれていない。

12) 松井「失われた民衆娯楽」及び Harrison, ibid.

13) Mike Huggins, *Flat Racing and British Society 1790-1914: A Social and Economic History*, Frank Cass, 2000, p.195. 同書は、各自治体による競馬会の開催を促した制定法として、「自治体法人法」(一八三五年c. 76及び一八八二年c. 50)を挙げているが同法の詳細な分析は行っていない。*Ibid.*, p.69, p.149, p.220.

14) David Dixon, *From Prohibition to Regulation: Bookmaking, Anti-Gambling, and the Law*, Oxford University Press, 1991, Mark Clapson, *A bit of a flutter: Popular gambling and English society, c. 1823-1961*, Manchester University Press, 1992.

15) 松井「スポーツ社会史の射程」を参照。

16) 中房敏朗「『賭博法』による『不法な遊戯法』大幅撤回の理由について―議会記録にみる『賭博法』

制定までの経過―」、『スポーツ史学会第四回大会発表抄録集』、一九九〇年、六七ページ、及び Huggins, *op.cit.*, p. 195 を参照。なお、ハザードはサイコロ、ピッチ・アンド・トスはコイン、ロリ・ポリーはルーレットを用いた「偶然の遊戯」であり、ラッフルズは「賭博法」（一七三八年）で富くじに準ずるものと規定された。

17) 自転車がイングランドで人気を呼ぶようになるのは一八七〇年代以降のことである。一八七八年にはサイクリスト・ツーリング・クラブと自転車同盟が結成されたが、後者は初の全国的な統轄団体だった。自転車や自転車競技の発展と法との関わりについては今後の重要な研究課題であろう。Cox, Jarvie, and Vamplew, *op.cit.*, pp. 96-99.

18) 松井「ブラッディ・スポーツと〈名誉の観念〉」四八〇ページ、及び Malcolmson, *op.cit.*, p.145（前掲訳書、二九三ページ）

19) 松井「スポーツと『理由ある殺人』」、一〇七ページを参照。

20) 松井「懸賞拳闘試合と刑法」（一九九一年）、四九〜六一ページを参照。

21) 平松紘『イギリス環境法の基礎的研究―コモンズの史的変容とオープンスペースの展開―』敬文堂、一九九五年、一二〜一三ページ、及び二一九〜二四四ページを参照。

22) 川島昭夫「一九世紀ロンドンのフェア」、中村賢二郎編『歴史のなかの都市―続都市の社会史―』ミネルヴァ書房、一九八六年、二六七ページ。なお、娯楽機会としてのフェアに関する記述が見られる主要な社会史研究は以下のとおりである。Malcolmson, *op.cit*, Bailey, *op.cit.*, Walvin, *Leisure and Society*, Cunningham, *op.cit.*

23) H. M. Stationary office, *op.cit.* p.614.

24) 川島昭夫「リゾート都市とレジャー」、角山栄・川北稔編『路地裏の大英帝国―イギリス都市生活史―』平凡社、一九八二年、二一三〜二一四ページ。

25) イギリスの日曜日（安息日）の歴史的問題に関しては、川島昭夫「イギリス人の日曜日」、『経済評論』一九八三年一〇月、五二〜六三ページ、所収、Brian Harrison, Religion and Recreation in 19th-century England, *Past & Present*, 39, 1967, pp.98-125を参照。

結　章

1) 村岡は、一九世紀の三〇〜五〇年代に成立した公衆衛生法や一連の工場法などを、当時一般的であった放任主義に対して国家による干渉主義的な政策の一環であり、のちの福祉国家政策の源流として位置づけているが、その意味では、動物虐待法ならびに公道法における当該規定を民衆スポーツに対する国家的干渉と見ることも的外れではないように思われる。村岡・川北編、前掲書、一四八ページ。

2) たとえばチューダー朝（一四八五〜一六〇三年）のイングランドでは、狩猟や日曜日の遊戯について、それを行う者の財産ないしは身分によって合法・非合法が決まる制定法諸規定が施行されていたが、動物虐待法と公道法の規定については、表面上、このような二重基準は認められなかった。また、一八六三年にはじっさいに闘鶏を行った咎でハスティング公爵が告発されてもいる。松井『ボクシングはなぜ合法化されたのか』、二四〜二六ページ、一〇六ページを参照。

3) 同上書、二三一ページ。

4) 「国または地方公共団体が、その政治的目的としてのスポーツ政策を遂行するための行政」を意味し、このなかには「サービス行政」や「指導行政」のみならず「監督行政」も含まれる。粂野豊「スポーツ行政」、岸野雄三編集代表『最新スポーツ大事典』大修館書店、一九八七年、五五六〜五五七ページ。

補遺

1　一九世紀初頭ロンドンの闘犬文化複合

1) Report from the Committee on the Bill to consolidate and amend several Laws relating to the cruel and improper Treatment of Animals, and the Mischiefs arising from the driving of Cattle and to make other Provisions in regard thereto:' with The Minutes of Evidence. no.667, Ordered, by The House of Commons, to be Printed, 1 August 1832, in HCPP, 1831-1832, vol.5, pp.73-110.

2) 寒川恒夫「スポーツ文化複合」、『体育の科学』四一―二、一三九～一四五ページ、一九九一年。

3) 寒川恒夫「動物遊戯」、大林太良他編『民族遊戯大事典』大修館書店、一五〇ページ。英国で動物闘技そのものの違法性を初めて規定したのは一八三三年の「首都警察法」だったが、同法の適用範囲は「首都警察」の管轄区域に限られていた。青木、前掲書、第一章を参照。また、一八三五年の「動物虐待法」が成立した後も、動物闘技がすぐさま行われなくなったわけではなかった。その後の状況については、Reid, Beasts and brutes' Mike Homan, *A Complete History of Fighting Dogs*, Ringpress Books, 1999' Sir Walter Gilbey, *Sport in the Olden Time*, Read CountryBooks, 2005, Griffin, *England's Revelry*, 松井『ボクシングはなぜ合法化されたのか』六七～一〇九ページを参照。

4) 第一章を参照。

5) Hilda Kean, *Animal Rights: Political and Social Change in Britain since 1800*, Reaktion Books, 1998, pp.67-68.

6) HCPP, 1832, vol.1, pp.441-453.

7) 同様の状況が、すでに一八世紀半ばの闘鶏場や、同時代のボクシング会場でも見られたことが指摘されている。Gilbey, *op.cit.*, pp.76-77' 松井「ブラッディ・スポーツと〈名誉の観念〉」、四八二ページを参照。また、同時代における動物スポーツに対する社会的な批判の内容は、依然として階級差別的なものでもあった。この点については、松井『ボクシングはなぜ合法化されたのか』六七～一〇九ページを参照。

8) 松井、同上書、一二七～一三一ページを参照。

2　懸賞拳闘試合の違法性をめぐって

1) Malcolmson, *op.cit.*, p.145（前掲訳書、二九三ページ）.

2) Dennis Brailsford, *Bareknuckles: A Social History of Prize-Fighting*, Lutterwoth Pr.： Cambridge, 1989 では、第三章 Illegal, Immoral and Injurious, および第四章 The Sport and the Law を中心に、いくつかの事例が紹介されており、その点で示唆に富むものである。だが、そこでも個々の判例にまでさかのぼって分析が為されているわけではない。

3) *Law Times*, 1843, pp.3-4.

4) 英国には三種類の法律、すなわち慣習法たるコモン・ロー Common Law、衡平法 Equity、制定法 Statute が存在していたが、そのなかのコモン・ローを運用する裁判所のことをいう。王座裁判所 Court of King's Bench、民訴裁判所 Court of Common Pleas、財務裁判所 Court of Chancery がその主たるものであった。高柳・末延編、前掲書、八五～八六ページ。

5) ハリー・カーペンター著、阿部照夫編訳『ボクシングの歴史』ベースボール・マガジン社、一九八二年、二九～三一ページ。

6) また、後段でもふれるように、懸賞拳闘試合は制定法によって禁止されていたわけではないため、その違法性を検討するためには個々の判例にさかのぼらざるをえない。ところが、そこで最初に行わなければならないのが約二〇〇巻に及ぶ膨大な英国の判例集のなかから必要と見なされる判例を抽出する作業であり、その点でも同史料で引用されている判例が貴重な糸口となるように思われる。

7) Anonym, Is Prize-Fighting Legal?, *Law Times*, April 28, 1860, pp.74-5.

8) *Carrington & Payne's English Nisi Prius Reports* の略で、その第四巻の五三七ページを指す。cf. Henry C. Black, *Black's Law Dictionary*, 4th ed. Rev., 1998.

9) 騒擾罪 riot とは「三人以上の者が適法たると違法たるとを問わず、一定の私的目的を達成することを目的として集合し、その目的を暴力を用いて実行する行為」であり、暴行罪 assault とは「故意に暴力を用いて、不法に他人の身体に害を加える行為」である。高柳・末延編、前掲書、三九ページ、及び四二一ページ。

10) 不法集会 unlawful assembly はコモン・ロー上の軽罪であり、「犯罪を行う目的、又はその目的の違法たると否とを問わず、治安を妨害するような形で共通の目的を行うために三人以上が集会すること」である。たんに集合しただけの場合をいう。同上書、四八一ページ。

11) 英国では、訴訟を迅速に処理するために、一三世紀頃から巡回裁判、すなわち裁判官がロンドンから地方の諸都市に巡回して裁判する制度が設けられていた。また、裁判所の開廷期は四つに分かれていた。Michaelmas（一〇月二四日から一二月三一日まで）、Hilary（一月一一日から復活祭の前の水曜日まで〉、Easter（復活祭週後の火曜日から聖霊降臨祭の前の金曜日まで）、Trinity（聖霊降臨祭後の火曜日から七月三一日まで）である。同上書、三九ページ、及び四四一ページ。

12) 治安破壊罪 breach of peace は「居住浸入、闘争 affray、不法集会、騒動、騒擾、誹毀、毀棄ならびにその他一般に公共の平和又は秩序を害する行為」をいう。軽罪である。同上書、六一ページ。

13) ここでの「権威あるもの」authority とは、法律上の判断や判決の根拠となりうるような先例または学説を意味する。同上書、四三ページ。

14) *Russell on Crimes and Misdemeanors* の略。cf. Black, *ibid.* 初版が出版されたのは一八一九年であるが、一八四三年にはチャールズ・G・グリーヴによる第三改訂版が出されており、この論説の執筆者はその版を参照したものと思われる。なお、同書は一九五〇年までに計一〇回の改訂を経た。

15) *Cox's English Criminal Cases* の略。*Ibid.*

16) *Law Journal, New Series, Queen's Bench* の略。*Ibid.*

17) *Law Journal* の略。*Ibid.*

18) dicta.の訳語。傍論は判決理由とは区別され、厳密には、判決の進行中に行われた法の陳述を指す。あくまでも法の一般的な叙述として述べられるものであり、ある種の権威をもつとはいえ、その重みはそれを述べた裁判官の名声に応じて変化する。したがって、後の裁判に対する拘束力はまったく持たない。W・ゲルダート著、末延三次訳『イギリス法原理』〔新版〕東京大学出版会、一九七五年（一九六〇年）、第一三刷、一二ページ。

19) たとえば、懸賞拳闘試合が公的な場所を避けて地方の私的な場所で催されるようになったのはあきらかに治安判事の介入や警察の取り締まりに対処するためであったし、ロープや杭が可動式になっていたのも、すぐに試合場所を移動できるようにするためであった。cf. Alan Delgado, *Victorian Entertainment*, U.K., 1971, pp.62-3.

20) 高柳・末延編、前掲書、三〇四ページ。

21) 松井良明「一九世紀イギリスのボクシング史におけるスパーリングの果たした歴史的意義について」、『スポーツ史研究』第二号、一九八九年、一一二ページ、及び松井『ボクシングはなぜ合法化されたのか』第六章を参照。

図版一覧

まえがき

図1　メルトン・カーネギー博物館〔著者撮影（２００７年8月）〕
図2　ＲＳＰＣＡレスター支部〔同上〕
図3　狐狩りの情景〔Lionel Heap, Quorn Hunt, Cream Gorse, 17th February, 2005, The Museum of Hunting Trust〕
図4　狐狩りの展示コーナー（メルトン・カーネギー博物館）〔著者撮影（２００７年8月）〕
図5　メルトンの馬市〔John Ferneley Snr (1782-1860), The Melton Horse Fair, Leicestershire Heritage Services, The Museum of Hunting Trust〕
図6　スタンフォードの遠景〔著者撮影（２００７年8月）〕
図7　セント・メアリ教会（スタンフォード）〔著者撮影（２００７年8月）〕
図8　ブロード・ストリート（スタンフォード）〔著者撮影（２００７年8月）〕
図9　テムズ川のボート・レース〔Henley-on-Thames, The Finish: The Henley Royal Regatta, Thames Cards.〕

序章

図10　懸賞拳闘試合（プライズ・ファイト）〔F. L. Wilder, *Sporting Prints*, The Viking Press: New York, 1974, p.176.〕
図11　スパーリング・エキシビション〔Wilder, *Sporting Prints*, p.179.〕
図12　スパーリング〔John Ford, *Prizefighting: The Age of Regency Boximania*, David &

Charles: Newton Abbot, 1971, p.134.〕

図 13 闘鶏〔The Younger Marshall, Game Cocks.(1831) Carl B. Cone, *Hounds in the Morning: Sundry Sports of Merry England*, The University Press of Kentucky: Lexington, 1981, p.135.〕

図 14 牛掛け〔Theodore Lane, Bull against dogs, from *Anecdotes of the Turf, the Chase, the Ring and the Stage* by Pierce Egan,1827, in John Arlott & Arthur Daley, *Pageantry of Sport: From The Age of Chivalry to the Age of Victoria*, Paul Elek Production: London, 1968, p.35〕

図 15 フットボール〔Arlott & Daley, *Pageantry of Sport*, p.91〕

第1章

図 16 鳥撃ち〔Pigeon Shooting at the Warren House, Billingbear, Berks. (1793), Cone, *Hounds in the Morning*, p.44.〕

図 17 川でのパーチ釣り〔Perch Fishing Party(1804), Cone, *Hounds in the Morning*, p.110.〕

図 18 スタンフォードの牛追い〔Bull Running, Stamford, by Everard.(c.1800), in Andrew Jenkins, Stamford on old picture postcards, Bygone Age, Keyworth, Nottingham, 2002.〕

図 19 熊掛け〔Arlott & Daley, *Pageantry of Sport*, p.35〕

図 20 キャメルフォード卿の闘犬トラスティ〔H. R. Cook, Lord Camelford's Dog, Trusty, a celebrated fighting dog, 1806, Cone, *Hounds in the Morning*, p.139.〕

図 21 豚つかみ競争(1785年頃)〔Arlott & Daley, *Pageantry of Sport*, p.34〕

図 22 あひる狩り〔Percy Roberts, Duck-hunting, 1823, Arlott & Daley, *Pageantry of*

Sport, p.82.〕

第二章

図23 18世紀初頭のストリート・フットボールの様子（１７２１年）〔Arlott & Daley, *Pageantry of Sport*, p.90.〕

図24 イートン校のファイヴズ・コート（19世紀末）〔Fives, from *Lawn Tennis, Rackets and Fives*, Badminton Library, 1890.〕

図25 18世紀末のクリケット〔Cook, Grand Cricket Match, played in Lord's Ground, Mary-le-bone, on June 20 & following day between the Earl's of Winchelsea & Darnley for 1000 Guineas, 1793, Cone, *Hounds in the Morning*, p.128.〕

第三章

図26 19世紀前半の密猟者のイメージ〔T. Westley, The Poacher, 1838, Cone, *Hounds in the Morning*, p.192.〕

図27 19世紀半ば頃の障害競馬〔Henry Alken Jr., In and Out, Arlott & Daley, *Pageantry of Sport*, p.115.〕

図28 18世紀末のビリヤード〔J. Scott, Billiards, 1798, Cone, *Hounds in the Morning*, p.114.〕

図29 馬と初期の自転車（ホビー・ホース）〔A Match against Time, or Wood beats Blood and Bone (1819), Arlott & Daley, *Pageantry of Sport*, p.96.〕

図30 リージェンツ・パークのスケーター〔Winter Fashions for 1838 and 39. View in the Regents Park, London, Paul Goldman, *Sporting Life: An Anthology of British*

Sporting Prints, British Museum Publications Ltd: London, p.102.〕

結章

図31　あなぐま掛け〔Henry Alken, Badger Baiting, 1825, Mike Homan, *A Complete History of Fighting Dogs*, Howell Book House: Glucestershire, 1999, p.112.〕

補遺

図32　鼠殺しのビリー〔Billy ...killing 100 Rats in five minutes and a half, c.1825, Goldman, *Sporting Life*, p.29〕

図33　ウェストミンスター闘技場での闘犬試合〔L. Fitz-Barnard, *Fighting Sports*, Triplegate Ltd.: Surrey, 1983, p.130.〕

図34　1819年のウェストミンスター闘技場での闘犬試合の告示〔Homan, *A Complete History of Fighting Dogs*, p.78.〕

図35　コンウォール式のレスリング〔Cornish Wrestling, 1800, Cone, *Hounds in the Morning*, p.162.〕

図36　イートン校のウォール・ゲーム〔The Wall Game at Eton, c.1850, Mary Ann Wingfield, Sport and the Artist, vol.1, Ball Games, Antique Collector's Club, 1988, p.160.〕

あとがき

学部時代にスポーツ史という魅力的な研究領域に出会ったのがきっかけで、今日まで英国スポーツ史を中心に研究を行ってきた。が、時間はあっという間に過ぎてしまった、というのが正直な感想である。

幸い、英国を舞台にくり広げられたスポーツの近代化過程への関心はこれまでぶれることはなかった。

「流血」をキーワードとして英国スポーツの近代化過程を読み解こうとした『近代スポーツの誕生』講談社現代新書（二〇〇〇年）は卒業論文と修士論文をベースにしたものだった。その後、「刑法」を窓口として同様の問題を扱った『ボクシングはなぜ合法化されたのか―英国スポーツの近代史―』平凡社（二〇〇七年）を刊行した。事実上、本書はこれらの続編にあたる。本書で注目したのは、かねてから気になっていた英国におけるスポーツの近代化と「政治的なるもの」との歴史的関係であった。

前著においても、英国スポーツの近代化に果たした「政治的なるもの」の影響について言及しなかったわけではないし、その歴史的重要性にも気づいていた。そのことをより具体的に、つまり英国議会でじっさいに行われた議論をできるだけ正確に読み解くことで検証しようとしたのが本書の特徴といえる。そのため、「社会史」を意識していた前二冊に比べるといささか「政治史」よりの内容となってはいるが、そうすることで前著では明らかにできなかった新たな歴史的事象を提示することができたのではないかと考えている。

「まえがき」でも言及したように、本書は三年前に日本体育大学大学院に提出した博士学位論文の内容を主としている。思い起こせば、筆者に対し、最初に博士学位の取得を勧めてくださったのは奈良工業高等専門学校名誉教授の一岡芳樹先生だった。当時、校長を務められていた一岡先生からの叱咤激励がなければ、筆者が博士学位の取得を強く意識することはなかったに違いない。職場の上司、それも現場のトップである校長からの支えほど心強いものはない。やはりこのことは最初に記し、謝意を表したいと思う。

元来、怠け者である筆者に対し、博士論文の執筆を直接ご指導いただいたのは、当時、日本体育大学に在職されていた稲垣正浩先生であった。稲垣先生は筆者が奈良教育大学及び同大学院に在学していたときの指導教官でもあり、学部時代から面倒を見ていただいてきた大恩師である。卒業論文、修士論文、そして博士論文まで一貫してご指導いただけたのはほんとうに幸せだった。また本書の出版を勧めてくださり、叢文社の「スポーツ学選書」に加わることをお許しいただいたのも稲垣先生であった。退職後は自ら「21世紀スポーツ文化研究所」を設立され、以前にも増して活発に執筆活動を続けておられる。これについてはまさしく頭が下がる思いである。つねに先生の後ろ姿を見続けることで、なんとか自分なりの仕事も継続してこられたように感じている。ますますのご健筆を願うばかりである。

また、副査として暖かいご指導をいただいた日本体育大学教授の高橋健夫先生と谷釜了正先生にもお礼を申しあげたい。じつは高橋先生も奈良教育大学時代の恩師であり、谷釜先生にも学生の頃から、学会、フィールドワーク、研究会などでご指導していただいていた。今回、このような素晴らしい先生方から直接指導を受けられたことは何よりの幸運だったといえよう。

工業系の高等教育機関に勤務していることもあり、筆者が博士学位を取得するにあたっては勤務先の同僚や事務系職員の方々からもじつに多くのご支援やご協力をいただいた。教育現場を取り巻く環境が日増しに厳しさを増す中、同僚の教職員の方々からいただいた励ましや援助は決して忘れることができない。いちいちお名前を挙げることは差し控えさせていただくが、ここに心より感謝申しあげる次第である。

つたない拙著ではあるが、論文としてまとめるに際しては、スポーツ史学会、日本体育学会、日本スポーツ人類学会などでの議論がたいへん勉強になった。記して謝意を表しておきたい。なお当然のことながら、学術書である本書の内容に関する責任はすべて筆者にある。

本書の内容で、序章と結章は博士学位論文をまとめる際に書き下ろしたものであるが、第一章、第二章、第三章、補遺1、補遺2は、いずれも既発表の論文に加筆訂正を加えたものである。発表時の論文名と掲載誌を以下に記す。

第一章　「19世紀イギリスにおける動物闘技の違法性と制定法に関する基礎的研究―動物虐待法（一八三五年）と先行法との歴史的関連を中心として―」『スポーツ史研究』二〇、三五～五〇ページ、2007年3月。

第二章　「イギリスにおけるスポーツの近代化と刑法に関する基礎的研究―公道でのスポーツ活動の違法性と公道法（一八三五年）との歴史的関係

について―」
『体育学研究』五二―二、二一三～二二五ページ、２００７年3月。

第三章　「19世紀イギリスにおけるスポーツと制定法に関する史的考察」
『奈良工業高等専門学校研究紀要』四一、一二七～一三九ページ、２００5年3月。

補遺1　「19世紀初頭ロンドンの闘犬文化複合―一八三二年の下院特別委員会報告書を手がかりとして―」
『スポーツ人類学研究』九、一一一～一一六ページ、２００8年7月。

補遺2　「懸賞拳闘試合の違法性をめぐって」
『スポーツ史研究』三、四七～五三ページ、１９９０年3月。

本書の出版にあたっては叢文社・佐藤公美氏にもたいへんお世話になった。遅々として進まない原稿のブラッシュ・アップ作業や図版の追加に対してもじつに丁寧に対応していただいた。深く感謝申し上げる。

最後に、私事で恐縮だが、本書を亡き祖母喜美の霊前に捧げることをお許し願いたい。

二〇一〇年三月一一日　葛城山を望む書斎にて

松井　良明

【著者】

松井良明（まつい　よしあき）

奈良工業高等専門学校　教授
1964年　大阪市生まれ
1986年　奈良教育大学卒業
1988年　奈良教育大学大学院修士課程修了
2008年　博士（体育科学）〔日本体育大学大学院〕
専攻はスポーツ史、スポーツ文化論。
著書に『近代スポーツの誕生』講談社現代新書（2000年）、『ボクシングはなぜ合法化されたのか－英国スポーツの近代史－』平凡社（2007年）、共著に『規範としての文化－文化統合の近代史－』平凡社（1990年）、『先生なぜですか？ ネット型球技編 0(ゼロ)のことをなぜラブと呼ぶの?』大修館書店（1991年）、『祝祭がレジャーに変わるとき－英国余暇生活史－』創知社（1993年）、『歴史学事典』 2 <からだとくらし>弘文堂（1994年）、『スポーツ史講義』大修館書店（1995年）、『生活文化のイギリス史－紅茶からギャンブルまで－』同文舘出版（1996年）、『日常と犯罪－西洋近代における非合法行為－』昭和堂（1998年）、『新世紀スポーツ文化論』（体育学論叢）タイムス（2000年）、『周縁からのまなざし－もうひとつのイギリス近代－』山川出版社（2000年）、『歴史学事典』 8 <人と仕事>弘文堂（2001年）、『スポーツ』（近代ヨーロッパの探求８）ミネルヴァ書房（2002年）、『身体と医療の教育社会史』（叢書・比較教育社会史）昭和堂（2003年）、『歴史学事典』11<宗教と学問>弘文堂（2004年）、『保健体育概論〔増補版〕』晃洋書房（2004年）、『最新スポーツ科学事典』平凡社（2006年）、『スポーツ学の冒険—スポーツを読み解く「知」とは—』黎明書房（2009年）、共訳にロバート·W·マーカムソン著『英国社会の民衆娯楽』平凡社（1993年）など。
スポーツ史学会理事（学会大会担当）

『**スポーツと政治的なるもの** - 英国法からの問い- 』

発　行／2010年10月１日　第1刷
著　者／松井良明
発行人／伊藤太文
発行元／株式会社叢文社

〒112-0014
東京都文京区関口1-47-12
江戸川橋ビル
TEL 03-3513-5285
FAX 03-3513-5286

編　集／佐藤公美
印　刷／モリモト印刷

定価はカバーに表示してあります。
乱丁・落丁についてはお取り替えいたします。

ISBN978-4-7947-652-2

「スポーツ学選書」発刊のことば

21世紀を迎え、スポーツをめぐる情況は、20世紀とは明らかに異なる新展開をみせている。しかも、急ピッチである。とりわけ、インターネットの普及によるスポーツ文化全体におよぼす影響の大きさは計りしれないものがある。それは、まるで、スポーツ文化全体が未知なる世界に向けて、大きく羽ばたこうとしているかにみえる。

こうしたスポーツ情況の驚くべき進展に対して、スポーツの「学」は旧態依然たるままである。20世紀の後半に著しい進展をみた「スポーツ科学」は、当初の総合科学としての心意気を忘れ、いまや、狭い実験・実証科学の隘路に陥ろうとしている。のみならず、スポーツ現場の最先端で陣頭指揮に立つ監督・コーチの経験知を、非科学的という名のもとに排除する。

時代は、もはや、このような偏狭なセクショナリズムにとらわれている猶予はない。いまこそ、スポーツ現場の経験知と、実験・実証科学の研究成果と、スポーツ文化・社会科学の研究成果とを一つに結集して、社会に還元していくことが急務である。かくして、これら三つのジャンルを一つに束ねる新しい「学」として、われわれは「スポーツ学」を提唱する。

われわれは、この意味での「スポーツ学」の擁立に賛同する人びとに広く呼びかけ、スポーツに関する最新の「知見」を集積し、公刊することを目指す。名づけて「スポーツ学選書」。

大方のご叱正、ご批判をいただければ幸いである。

2001年3月

叢 文 社